Nr. 1 WIEN 1903 Preis 20 h

DAS ANDERE

EIN BLATT ZUR EINFUEHRUNG ABENDLAENDISCHER KULTUR IN OESTERREICH: GESCHRIEBEN VON ADOLF LOOS

1. JAHR

MEIN Onkel ist Uhrmacher in Philadelphia, Chestnutstreet, zwischen der achten und neunten Straße. Diese Gegend entspricht unserer Kärntnerstraße. Als ich ihn in Amerika besuchte, bewohnte er ein Haus in der Park-Avenue.

Seine Frau, meine Tante, ist eine geborene Amerikanerin. Sie hatte einen Bruder, Onkel Benjamin, der als Farmer in der Umgebung der Stadt wohnte.

Ich wohnte bei meinem Onkel. Und eines Tages sagte man mir, ich sollte Onkel Ben und Tante Anna, seine Frau, besuchen.

Einer meiner zahlreichen Cousins fuhr mit mir. Wir fuhren mit der Bahn, dann gingen wir eine Stunde zu Fuß.

Zahlreiche Villen lagen am Wege. Reizende, einstöckige Häuschen mit Turm, Giebel und Veranden. Das waren die Farmhäuser.

Eines davon gehörte Onkel Ben. Wir gingen hinein und Tante Anna freute sich herzlich, den „cousin from Europe" kennen zu lernen. Und gar aus Österreich. Da war sie vor zwei Jahren, als sie eine Europareise machte, auch gewesen.

Sie trug einen gefältelten Kattunrock, eine weiße Hemdbluse und weiße Schürze. War eine bewegliche, alte, liebe, kinderlose Frau mit gescheitelten Haaren. Wir mußten uns zum Essen hinsetzen, sie kochte und trug das Oatmeal selbst auf. Dann ging's aufs Feld, Onkel Ben aufzusuchen.

Nach einer Viertelstunde sahen wir einen alten Mann im Felde sitzen und Zwiebel ausreißen. Er trug hohe Stiefel, eine Zwilchhose, ein färbiges Flanellhemd und einen Hut, wie ihn bei uns die Schwimmeister tragen. Das war Onkel Ben.

* * *

Vier Wochen darauf starb mein Cousin, der, der mich zu Onkel Ben begleitet hatte, an Typhus. Man erwartete alle Verwandten meiner Tante. Alle wollten vom Lande hereinkommen, ihrem toten Neffen die letzte Ehre zu erweisen.

Zwei Stunden vor dem Begräbnisse bat man mich, in die Stadt zu fahren und Trauerflore zu besorgen.

Als ich mich in die Pferdebahn setzte, um zurückzufahren, grüßte mich eine elegante ältere Dame in Trauer. Sie sprach mich an und ich war in Verzweiflung. Denn ich wußte, daß sie mich verkannte, da ich während meines sechswöchentlichen Aufenthaltes keinen Menschen kennen gelernt hatte. Und ich versuchte ihr das mit meinen schwachen englischen Sprachkenntnissen mitzuteilen.

Aber sie redete weiter in mich hinein und schließlich — ja — bei Gott, sie war es! Tante Anna! Die Farmerin. Die amerikanische Bauernfrau.

Ich versuchte, mich mit dem Hinweis auf ihre veränderte Kleidung zu entschuldigen. Ja, sagte sie, dieses Kleid ist auch aus Wien, es ist von Drecoll.

Als wir ankamen, war die Trauergesellschaft schon versammelt. Auch Onkel Ben hätte ich nicht erkannt. Den Zylinder mit hohem Flor umgeben, der vornehme Gehrock und eine enge Hose, die ich allerdings zum Unterschied von meiner breiten (es war im Jahre 1893) für unmodern hielt. Später erst wußte ich, daß er nicht „noch" eine, sondern „schon" eine enge Hose trug. Aber damals war es gut, daß ich es noch nicht wußte. Denn an diese enge Hose klammerte ich mich an. Sonst wäre mein Europäerstolz vollständig zusammengebrochen.

* * *

Wenn man bei uns mit der Eisenbahn eine Stunde lang fährt, dann eine Stunde geht und in ein Bauernhaus eintritt, so trifft man Menschen, die uns fremder sind wie Leute, die Tausende von Meilen über dem Meere wohnen. Keine Zusammenhänge haben wir mit ihnen. Wir wollen ihnen etwas Angenehmes sagen. Sie halten es für eine Frozzelei. Wir sagen etwas Derbes, Unpassendes und werden mit einem dankbaren Lächeln belohnt. Sie ziehen sich anders an, essen Speisen, die auf uns den Eindruck machen, als stammten sie aus dem chinesischen Restaurant einer Weltausstellung, und feiern ihre Feste in einer Weise, die unsere Neugierde in derselben Art befriedigt wie ein Umzug der Singhalesen.

Dieser Zustand ist unwürdig. Millionen sind in Österreich ausgeschlossen von den Segnungen der Kultur. Wenn unsere Landbewohner plötzlich insgesamt dieselben gesellschaftlichen Rechte beanspruchen würden wie die Städter, sie würden behandelt werden wie die Neger in Amerika. Ich habe es gesehen, wie man einem Bauer in Lederhosen den Kaffee in einem Kaffeehause verweigert hat.

* * *

Der Mensch, der abendländische Kultur besitzt, ist imstande, sich sofort jener Kultur, die einem bestimmten Terrain, einer bestimmten Tätigkeit und einem bestimmten Klima entspricht, anzupassen. Jeder Wiener kann genagelte Schuhe, eine kniefreie Lederhose und eine Lodenjoppe anziehen, wenn es in die Berge geht. Aber der Gebirgler kann keinen Gehrock und Zylinder tragen, wenn er sich in die Stadt begibt. Wohlgemerkt, wenn er sich in die Stadt begibt. Denn es werden genug Witzbolde auftreten, die mir in die Schuhe schieben werden, daß ich vom Bauer verlange, er möge in Lack, Claque und Frack sein Feld bestellen.

* * *

Der Bauer wird nicht ernst genommen. Sonst könnte es nicht geschehen, daß es Leute gibt, die für die Beibehaltung der alten Tracht eintreten. Aber gerade so wie „Charity at home" beginnt, gerade so kann man verlangen, daß diese Leute an sich selbst solche ästhetische Versuche anstellen. Diese Herren mögen nur beginnen. Aber darauf dringen, daß 80 Prozent der Einwohner Österreichs als Menschen zweiten Ranges gelten, ist unfaire. Nie habe ich von abendländisch gekleideten Juden die Forderung gehört, die Juden in Galizien mögen den Kaftan beibehalten.

* * *

Aber mir hat einmal einer gesagt, daß ein Mensch, der aus der Lederhose nicht heraus kann, leichter zu regieren sei als einer, der den Salonrock mit der Lederhose zu vertauschen verstehe. Ich verneine es.

Wie der Staat für uns sorgt

Jüngst geschah in Wien folgendes: Ein kleiner Junge hatte mit Planeten hausiert. Das sind kleine Zettel, die mithelfen, die Dummheit zu verbreiten. Das Hundert davon kostet 10 Heller. Man kann sie aber um 2 Heller das Stück weiterverkaufen. Verkauft man sie, so hat man Geld damit verdient. Da aber die Leute diese Zettel nur abends beim Bier kaufen und die meisten Käufer im Prater sind, so läuft der Junge natürlich des Nachts herum, bleibt auch wohl über Nacht aus. Denn er wohnt weiß Gott wo draußen. In einem nahen Massenquartier aber kann er für 15 Kreuzer vortrefflich schlafen. Außerdem ißt er sich für den Erlös zwei Tage satt, was er mit den 10 Hellern, die ihm die Mutter gegeben, nicht kann. So was nun kann auf der ganzen Welt vorkommen. Überall gibt es arme Leute. Und überall gibt es Menschen, die durch Handel aus 10 Hellern gerne 2 Kronen 'rausschlagen würden. In Österreich gilt das aber als nicht sehr vornehm. Trotzdem gilt es nicht direkt als unmoralisch. Das Produzieren und Erhöhen des Nationalvermögens gilt als eine wenig angesehene Beschäftigung. Und wer gar die Börse besucht, der kriegt einen Namen, der fast wie ein Schimpf klingt: „Börseaner".

Andererseits gibt es Länder — die freilich sehr, sehr weit von den Balkanstaaten entfernt liegen — da gilt der Kaufmann etwas. Die vornehmsten unter ihnen besuchen die Börse und wenn einer gar etwas dabei verdient hat, was bei uns als die allergrößte Schande gilt, wird er gar von Kaisern und Königen zu Tische geladen. Andere Länder, andere Sitten.

Ich halte es aber jedenfalls als zu weit gegangen, daß ich auf den Jungen, der seine Planeten im Prater verkaufte, nur dadurch aufmerksam gemacht wurde, daß ich seine Geschichte in der einen Zeitung unter dem Titel: „Großstadtpflanze", in einer anderen gar unter dem Titel: „Verkommene Jugend" zu lesen bekam. Natürlich „Gerichtssaalrubrik". Denn wenn Erwachsenen solche Sachen leider nicht mehr verboten werden können, so kann der Staat doch dafür Sorge tragen, daß das Gift des Erwerbsinnes nicht schon die zarte Jugend zersetze. Dafür ist doch Gott sei Dank noch die „häusliche Züchtigung" da. Die Mutter hatte diese aber offenbar nicht in genügendem Maße angewendet und darum wurde sie mit Fug und Recht zu einer Woche Arrest verurteilt. Wie kommt sie dazu, ihren Sohn etwas verdienen zu lassen? Er soll hungern. Das stählt. Das kräftigt. Allerdings nur den Charakter.

Und ich beginne nachzudenken und zu träumen. Ganz unsinniges, unmögliches Zeug. Ich träume mich 50 Jahre zurück. Ich sehe einen amerikanischen Gerichtstisch und vor demselben eine arme Frau mit einem kleinen Jungen an der Hand. Und die Stimme des Richters klingt streng: „Sie haben sich schwer gegen das Gesetz vergangen. Sie haben Ihren Sohn Thomas Alva Zeitungen verkaufen lassen. Das ist der erste Schritt zur moralischen Verkommenheit. Ich verurteile Sie zu einer Woche Arrest — Frau Edison!!"

Was man uns verkauft

Es freut mich, konstatieren zu können, daß man in keiner Stadt der Welt so gut speist wie in Wien. Ob ich mir ein Gollasch in einem Vorortegasthause oder ein Bœuf à la Noël et Pattard im „Bristol“ geben lasse — es ist beides wohlschmeckend und gut zubereitet. Von welcher Stadt könnte man das noch behaupten! Allerdings werden die echten Wiener bei dieser Behauptung den Kopf schütteln. Sie meinen, daß man bei der Wahl des Gasthauses sehr vorsichtig sein müsse. Aber in der Fremde werden sie bald zu Küchenpatrioten.

Das Lob der guten Küche gilt für ganz Österreich. Warum kochen nun die österreichischen Restaurateure so gut?

Weil die Österreicher etwas vom Kochen verstehen.

Der österreichische Restaurateur würde sicher lieber wie sein deutscher Kollege arbeiten. Vier Gänge um eine Mark. Billig. Und doch verdient man mehr dabei. Denn das deutsche Publikum ißt, was man ihm vorsetzt, ist damit zufrieden, zahlt und geht.

Der Österreicher aber sagt: Ich verzichte gern auf die vier Gänge. Ich zahle gern dasselbe Geld für einen Gang allein. Denn die vier Gänge sind für mich wertlos. Ich kann sie nicht essen. Sie sind mir zu schlecht.

Der Deutsche, der nichts vom Kochen versteht, schüttelt den Kopf.

Weniger freut es mich, konstatieren zu müssen, daß kein Staat der Welt so gute Ware produziert als England.

Warum erzeugen die englischen Fabrikanten so gute Waren?

Weil der Engländer etwas von den Waren versteht.

Wohl produzieren wir in Österreich billiger. Für das Geld, das der Engländer für ein Portemonnaie anlegt, bekommt man in Österreich dieses, eine Kravatte, ein paar Handschuhe und einen Stock dazu.

Und der Engländer sagt: Ich verzichte gern — — —

Der Österreicher, der nichts von den Waren versteht, schüttelt den Kopf.

* * *

Unter dieser Rubrik will ich versuchen, mein Publikum zu Kennern zu erziehen. Die Erzeuger guter Waren werden mein Beginnen segnen, die Erzeuger von Schundwaren werden mir fluchen. Was nutzt es, wenn der anständige Erzeuger, der seine Ehre dareinsetzt, das beste Material zu verarbeiten und die bestgezahlten Arbeitskräfte zu verwenden, was nutzt es ihm, wenn seine Erzeugnisse nicht verstanden werden? Der stete Hinweis des Publikums, daß man „dasselbe“ bei X. um den halben Preis bekommt, muß auf die Dauer demoralisierend wirken. Schließlich ist man doch Geschäftsmann und trägt nicht nur für sein eigenes Wohlergehen die Verantwortung, sondern auch die für Hunderte von Existenzen.

* * *

Aber auch der Käufer eines guten Gegenstandes wird seiner nicht froh, wenn er merkt, daß seiner Umgebung das Verständnis für Material und Arbeit fehlt. Es ist nicht jedermanns Sache, sich als Ausbeutungsobjekt verspotten zu lassen. Denn man kauft die gute Ware nicht nur seinetwegen, sondern in der Hoffnung, daß sie von der Umgebung nicht mit ähnlicher Schundware verwechselt wird.

* * *

Es waren schon glückliche Ansätze vorhanden. Ich erinnere nur an die Wiener Lederindustrie, an die Wiener Silberschmiedekunst. Man fand es begreiflich, wenn jemand seine Lust an gutem Material und korrekter Arbeit mit Geld bezahlte. Man hielt noch niemanden deswegen für einen Trottel, weil er bei Würzl mit vierfachem Preise bezahlte, was er in einem Schundgeschäfte für das einfache Geld bekam. Da kam die Sezession und warf alle guten Ansätze über den Haufen. Manche Gewerbe wurden von der Sezession verschont. Einem glücklichen Umstande haben wir es zu verdanken, daß das Unterrichtsministerium noch keinen „modernen“ Künstler für den Wagenbau, die Männerkleidung und die Schuhmacherei an die Kunstgewerbeschule berufen hat. Die leben daher noch in alter Blüte.

* * *

Ob es einen Engländer gibt, der nicht an der Punzierung den Feingehalt eines Gold- oder Silbergegenstandes erkennen kann?

Die englischen Punzen sind groß. Man betrachte beispielsweise die englischen Silberwaren

Goldpunzen für größere Gegenstände

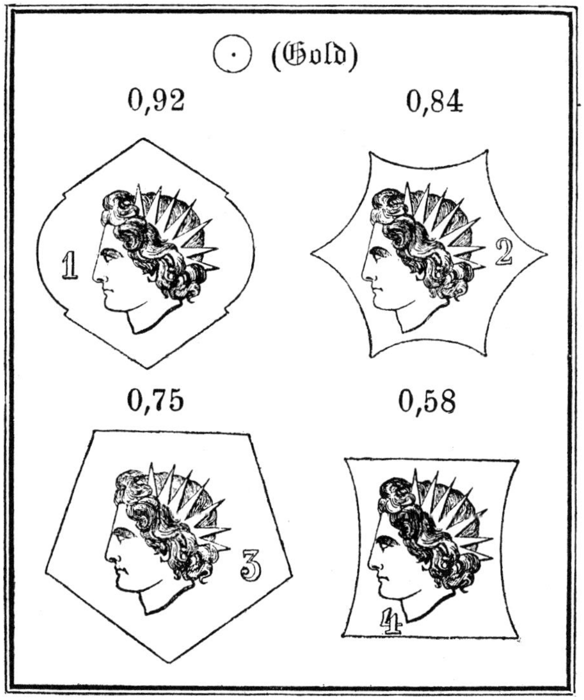

92 Goldteile . . . . 22 Karat
84 „ . . . . 20 „
75 „ . . . . 18 „
58 „ . . . . 13 „

in den Schaufenstern bei Brooke am Kohlmarkt. Unsere Silberwaren sind sicher so gut wie die englischen. Und doch gibt es Leute, die den großen englischen Punzen zuliebe Fracht, Zoll und die teuere englische Arbeitskraft bezahlen. Aber umgekehrt hat die große Punze noch niemanden gestört. Das kann man vielleicht blöd nennen. Aber es ist einmal so. Und so wie in Wien, denken die Leute auch in Chicago, in Kalkutta, in Yokohama. Nun haben wir zweierlei Punzen:

Silberpunzen für größere Gegenstände

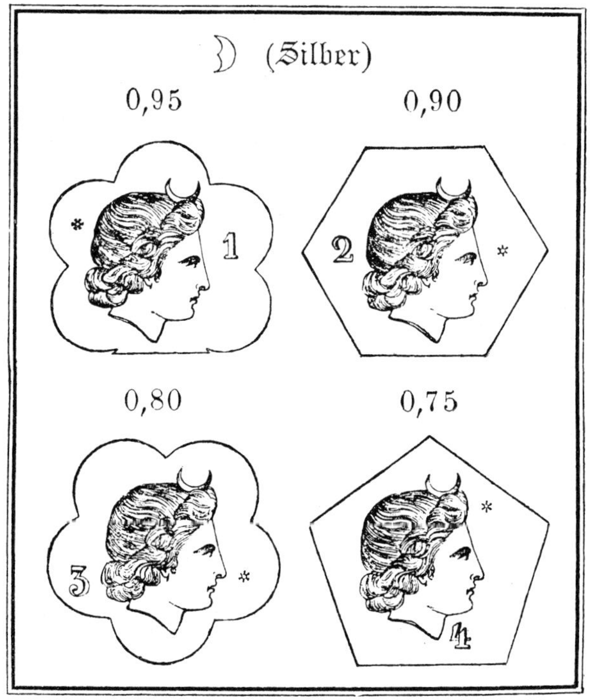

Das 80prozentige Silber ist am meisten gebräuchlich, das 75prozentige Silber wird schwarz.

solche für große und solche für kleine Gegenstände. Die kleine Punze kann man nur mit der Lupe erkennen. Aber das Punzierungsamt läßt nicht dem Erzeuger die Auswahl der Punze, sondern der Erzeuger muß sich fügen. So werden sogar Herrenstöcke mit ganzem Silbergriff mit der kleinen Punze versehen.

* * *

Wir bringen heute die wichtigsten Punzen in zwölffacher Linearvergrösserung. Zum Schutze unserer heimischen Industrie und zur Hebung des

Goldpunzen für kleinere Gegenstände

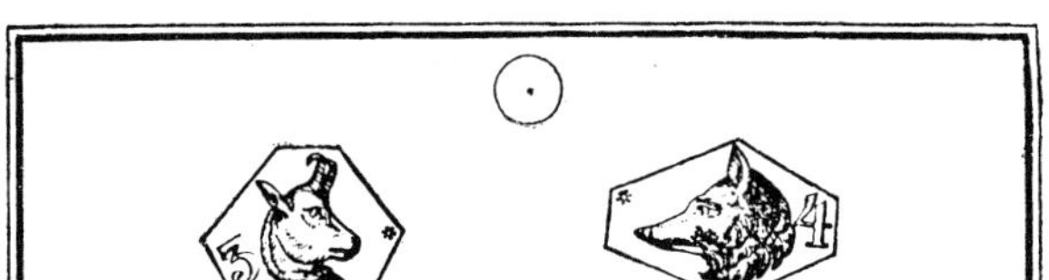

Nr. 3 . . . . 18 Karat
„ 4 . . . . 14 „

Silberpunzen für kleinere Gegenstände

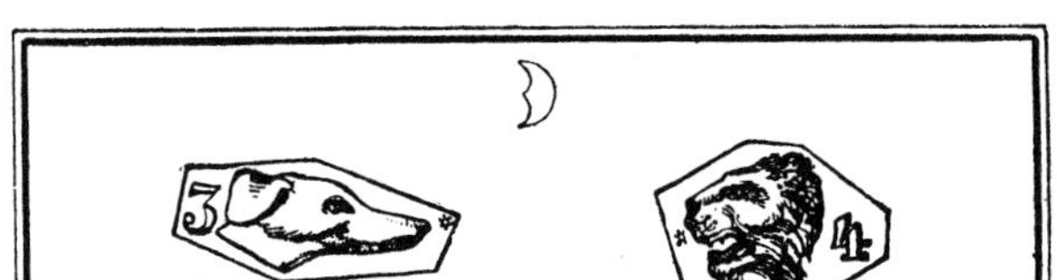

Nr. 3 . . . . . 80% Silber
„ 4 . . . . . . 75% „

Exportes sollten unsere Silberschmiede verlangen, daß größere Punzen in Aufnahme kommen. Unterdessen aber wäre es angezeigt, wenn auch kleinere Gegenstände, beispielsweise die Beschläge der Ledergalanterie-Erzeugnisse, mit großen Punzen versehen würden.

* * *

Die Firma Rozet & Fischmeister hat in ihrem rechten Schaufenster einen Ring ausgestellt, der mich immer, so oft ich vorbeigehe, mit großer Freude erfüllt. Ein großer Brillant ist auf eine so wunderbare, leichte, feine und ingeniöse Weise gefaßt, daß man sich innig freut, in einer Zeit zu leben, in der solche edle Arbeit möglich ist. Nur im Hirne eines Goldarbeiters konnte die Idee entstehen, einen Stein im Ringe so zu fassen. Man gehe hin, betrachte ihn und freue sich mit mir. Jedermann wird ihn sofort erkennen. Der ist modern. Daran ist nicht zu mäkeln. In einer anderen Zeit und bei einem Manne, der nicht abendländische Kultur besitzt, könnte er niemals entstehen. Es gibt aber keinen größeren Gegensatz zwischen der Art dieses Ringes und denen nach Entwürfen der Sezessionisten. Und die sollen auch modern sein?!

Was man druckt

Unser Plakat zeigt eine Neuerung. Es ist auf Tapetenpapier gedruckt. Ich glaube dadurch der Tapetenindustrie ein neues Absatzgebiet erobert zu haben. Wohl wird man an den Lettern manches auszusetzen haben. Auf lithographischem Wege war das Plakat nicht herzustellen und unsere Plakatoffizinen sind auf künstlerischen Plakatdruck nicht eingerichtet. Wenn aber die Sache Anklang finden sollte, so würden unsere Plakatdruckereien dem allgemeinen Verlangen nachgeben und gute Lettern anschaffen müssen. Durch die Frakturversalien der Aufschriften lasse man sich nicht abschrecken. KUNST und DAS ANDERE ist wohl schwer zu lesen. Aber ein Plakat soll nur derjenige lesen, der sich dafür interessiert. Denn sonst ist es wirkungslos. Die schwer leserliche Schrift eines Plakates hat der Sezession eine halbspaltige Reklame Pötzls verschafft. Wenn die Sezession plakatiert, weiß es die ganze Stadt und 100.000 auswärtige Leser des N. W. Tgbl. in einem Tage, daß die Sezession ihre Ausstellung eröffnet hat. Das genügt.

Was wir lesen

Die Buren haben den Frieden mit der englischen Regierung längst geschlossen. Nicht so die „Ostdeutsche Rundschau“. Der Besuch des englischen Königs bot ihr willkommene Gelegenheit, wieder mal tüchtig zu schießen. Auf die englische Regierung wohl? O nein, auf Eduard den Siebenten.

Es ist ja möglich, daß sich ein dummes mohammedanisches Blatt den Unfug nach dem bosnischen Feldzuge gestattet hat, unseren verewigten Kronprinzen mit dem Ausdrucke Bosniakenschlächter zu bezeichnen. Aber bei unseren Lesern den Glauben erwecken zu wollen, als wäre der Burenkrieg nur zum Privatvergnügen des damaligen Prinzen von Wales in Szene gesetzt worden, heißt diese Leser stark unterschätzen. Das würde auch in der Türkei nicht mehr ziehen. Denn auch dort ist Krieg und Frieden nicht vom Willen des Sultans, sondern vom Willen des Volkes abhängig. Bei den Zulukaffern ist das anders. Ein Häuptling hat eine persönliche Ranküne gegen die Bewohner eines anderen Stammes und da muß alles, was Waffen tragen kann, ausziehen, um totzuschießen und sich totschießen zu lassen. Ich halte den Ausdruck „Burenschlächter“ als Epitheton für Eduard VII. nicht richtig und daher nicht passend.

Was wir sehen und hören

Der König von England war letzte Woche in Wien. In Wien, in der Stadt, in der der Geschmack zu Hause ist. Das steht einmal fest, daran ist nicht zu rühren und zu deuteln. Es ist daher unerfindlich, warum unsere Stadtväter 20.000 Kronen dafür bewilligt haben, um mit dieser Summe unsere Ringstraße in der geschmacklosesten Weise zu verunstalten. Da aber fast alle Zeitungen bis auf die „Arbeiter-Zeitung“ diese „Dekoration“ (kommt von Dekor = Schmuck) für sehr geschmackvoll hielten und damit jedenfalls den Gefühlen der Majorität der Bevölkerung Ausdruck gegeben haben, begann ich an dem berühmten Wiener Geschmack zu zweifeln. Ich weiß nicht, wie der König darüber dachte. Vielleicht gefiel sie ihm, weil sie so unverfälscht wienerisch war und nichts Englisches an sich hatte. Aber andererseits wurde uns berichtet, daß sich der König in Marienbad die neueste Wiener Volksmusik, als da sind: Servus Březina, Daisy, Die Musik spielt, Das Honigblümchen und die Bien', Der Stolz von Hernals, Susi mein Kind etc. etc., vorspielen ließ und sich darüber sehr lobend ausgesprochen hatte. Es waren also lauter anglo-amerikanische Gassenhauer. Darum weiß man nicht, ob ihm vielleicht nicht auch eine englisch verfälschte Dekoration besser gefallen hätte.

* * *

Wir erwarten nach Eduard den deutschen Kaiser und den Zar. Und wieder wird die verstaubte Bisenius-Dekoration aus den städtischen Lagerhäusern herausgeholt. Wäre es da nicht angebracht gewesen, einen Künstler, etwa der Sezession, damit zu betrauen? Denn das können sie. Durch einige Jahre haben sie auf ihren Ausstellungen mit den einfachsten, billigsten Mitteln das Problem der mobilen Dekoration auf das beste gelöst. Und wenn den Herren im Rathause die Leute der Sezession zu gefährlich erscheinen, so weise ich auf den Architekten Urban hin, der eine durch das Pauspapier gemilderte Sezession vertritt. Sollte aber auch das schon zu viel sein, so hätte ich dem mit der Leitung der dekorativen Arbeiten betrauten Gas- oder Wasserleitungs-Ingenieur geraten, sich einige Londoner Photographien von der Straßenausschmückung anläßlich der Königskrönung zu verschaffen. Vielleicht hätte er manche Anregung gefunden. Vielleicht hätte er auch herausgefunden, daß nur wenn der Zeichner Limmer von der Leipziger Illustrierten dabei ist, der Wind so freundlich ist zu wehen und die Fahnen voll zu entfalten. Wenn der Mann aber nicht da ist, dann hängen sie wie Trauerlappen herab. Vielleicht hätte er herausgefunden, wie festlich es sich macht, wenn die weiß gestrichenen, reisigumwundenen Masten mit Drähten verbunden werden, von denen Tausende von Wimpeln herabhängen. Oder wie gut es sich ausnimmt, wenn ein vertikales Riesennetz über die ganze Breite der Straße gespannt wird und auf diesem Netz mannsgroße Leinwandbuchstaben angebracht sind, die einen Willkommengruß bieten. So kühn will ich ja gar nicht sein, zu beantragen, daß man, wie bei der englischen Krönung, ein horizontales, mit Blumen gefülltes Netz über die Straße spannt, das sich im Augenblicke der Durchfahrt öffnet und den Gefeierten mit einem Blumenregen überschüttet. Das wäre zu viel verlangt. Da liegt schon zu viel Idee darin.

NB. Das verwendete Reisig auf den englischen Photographien ist echt und nicht wie bei uns aus Papier. Es mag nach Wiener Begriffen zwar nicht schöner sein, aber es kommt billiger.

Vor dem Künstlerhause stehen zwei Flaggenmasten. Es tut mir leid, den Namen des Mannes nicht veröffentlichen zu können, der den Mut gehabt hat, diese eisernen Mannesmannrohre ohne altertümelnden oder moderntuenden Dekor, so wie sie die Werkstatt verlassen haben, hinzustellen. Das war eine Tat in der Stadt, in der solche Rohre für die Oberleitungsdrähte der Elektrischen durch greuliche Zinkknäufe und Profilierungen verunreinigt wurden, eine Tat in der Stadt, in der unsere Künstler mit Verachtung die Erzeugnisse unserer Industrie behandeln und das Trottoir vor dem Heinrichshofe mit ihrem archaistischen Graffelwerk verunstaltet haben.

Stolz, frei und luftig erheben sich die Flaggenmasten vor dem Künstlerhause, Zeugnis gebend für unsere moderne Industrie, Zeugnis gebend, daß sie der dekorativen Mätzchen nicht bedarf, um festliche, freudige und künstlerische Wirkungen im Menschenherzen zu erwecken.

Seit Jahren wird uns von Monat zu Monat in den Zeitungen versichert, daß jedes Programm der Variététheater alles „bisher Dagewesene" übertreffe. Ich bin nicht dieser Meinung. Einen solchen Rückstand in den Darbietungen, wie er beispielsweise in dem letzten Jahre zu verzeichnen war, haben wir bisher in Wien nicht erlebt. Die Programme der Variététheater waren für eine Großstadt ein Skandal. In Nürnberg, in Elberfeld (ich verfolgte die Programme im „Artist") waren in einem Monat bessere Nummern zu sehen, als bei uns das ganze Jahr über. Nicht eine Variéténummer von europäischem Klange war da. Im Mai war ich in Leipzig. Pepi Glöckner von unserem

Volkstheater vertrat das Wiener Soubrettenfach im Zentraltheater. Uns wird eine Rosa Bauer serviert. Wie ist es nun in diesem Jahr?

* * *

Das diesmonatliche Programm bei „Ronacher" ist nicht so schlecht wie das Durchschnittsprogramm des Vorjahres. Es ist nichts Besonderes da, aber es ist lustig. Ein geigendes Wunderkind stört. The Carters, ein Farbiger und eine weiße Dame, parodieren in köstlicher Weise den Männergesangvereinsstil, indem sie „Menschen, Menschen san mer alle" zweistimmig singen. Der Farbige ist ein rassiger Kerl und ein perfekter Komiker. The Meers sind zwei Drahtseilkünstler von Bedeutung, die die Schwierigkeit der Trics durch Komik zu verschleiern suchen. Das ist nobel. Sonst ist die Komik meist nur der Deckmantel für die Bedeutungslosigkeit der Trics. Mme. Dicka versucht es, auf amüsante Weise die blöden Transformationsbilder der lebenden Photographien in Wirklichkeit zu übertragen. Man ist gespannt und unterhält sich köstlich. Die obligate Französin heißt diesmal Mlle. Derminy. Sie besitzt eine wunderbare Gestalt und singt als zweites Lied ein reizendes Chanson „Nous aurons les hommes", das ich allen Musikalienhändlern bestens zur Anschaffung empfehlen kann. Es verdient gekauft und gesungen zu werden.

* * *

Dafür ist das Programm des Kolosseums umso schlechter. Für die Masse der langweiligen Darbietungen kann die eine gute Nummer Ida Fuller nicht entschädigen. Und auch die ist nur für ihren ersten Tanz zu loben. Die Bilder und Farben, die ihr im zweiten Tanz auf das Kleid projiziert werden, sind geschmacklos. Die Frauengarde ist eine ordinäre leg show; eine deutsche Sängerin singt ein Lied, aus dem ich mir nur die Worte gemerkt habe: „Hab' den Hausherrn an der Strippe, ich regier' die ganze Sippe," und durch den Kinematographen ruiniert man sich die Augen. Ausgezeichnet ist nur Herr Waldemar durch die scharfe Satire auf unsere Strizzis in dem alten Liede „Der Schurl von Hernals". Mit Wehmut denke ich an das Septemberprogramm, das wir im Kolosseum vor zwei Jahren zu sehen bekamen. Da trat die Luisiana Guard — acht Creolinen — und die mimosenhafte Amelie Stone auf. Allerdings muß konstatiert werden, daß die Direktion bei dieser reizenden, gracilen Amerikanerin vom Publikum im Stiche gelassen wurde. Niemand applaudierte. Das Beste am Programm ist der Umschlag.

Wie wir leben

Etikettefragen

Als ich vor zehn Jahren von Hamburg nach Amerika fuhr, erlebte ich auf dem Dampfer eine Begebenheit, die richtunggebend wurde für mein ganzes Leben.

Außer mir befand sich noch ein Österreicher an Bord, ein Techniker aus guter Familie, ein sympathischer junger Mann. Im Speisesaal saßen wir an verschiedenen Tischen. Er mitten unter Amerikanern. Nach einigen Tagen aber hörte man, daß seine Nachbarn den Kapitän ersucht hatten, den jungen Österreicher lieber wo anders hin zu placieren. Man könne nicht neben ihm essen. Er habe so schreckliche Unmanieren. Stets lecke er sein Messer ab und verunreinige damit das Salz, das für den ganzen Tisch bestimmt sei. Und das und anderes mehr. Man setzte ihn also wo anders hin. Unter Deutsche. Aber deren Nationalstolz wuchs nun plötzlich. Denn was sich Amerikaner nicht gefallen lassen wollten, wollten sie sich auch nicht bieten lassen. Ein Herr aus Berlin nahm daher immer, nachdem sich der Unglückliche die Suppe gesalzen hatte, das Salzfaß, rief den Steward und sagte mit lauter Stimme, immer mit verständnisvollem Schmunzeln: „Wechseln Sie das Salz um! Es ist wieder verunreinigt worden." Milde Seelen legten dem jungen Manne ostentativ den Salzlöffel hin — er merkte aber nichts. Und so kam man zu mir und bat mich, meinen Landsmann doch über das Nötige aufzuklären. Er war ein lieber Mensch. Er fuhr nicht auf. Er wurde flammend rot und hätte am liebsten geweint. Ich aber war froh, daß ich einige Jahre vor meiner Amerikafahrt in Dresden gelebt hatte, wo es auch in solchen Restaurants, in denen Studenten mit knappen Mitteln verkehren, Salzlöffel gibt. Sonst wäre es mir ebenso gegangen. Denn bei uns sind Salzlöffel unbekannt.

Der Türke nun kann in seiner Heimat das Reisfleisch mit der Hand, der Österreicher die Sauce mit dem Messer zum Munde führen. Begeben sich aber Türke und Österreicher ins Abendland, dann müssen sie sich der Gabel bedienen. Man umgürte sich auch mit dem ganzen Stolze Österreichs oder der Türkei, es verachten uns doch die englischen Jünglinge. Und auch die gereiften übrigen Bewohner des Abendlandes wollen nicht mit uns an einem Tische speisen.

Es gibt eine jungtürkische Bewegung. Sie rührt von Leuten her, die im Abendlande gelebt haben und nun abendländische Sitten im Reiche des Sultans verbreiten wollen. Warten wir nicht ab, bis wir von ihnen überholt sind. Die Japaner z. B. haben es längst schon getan. Die jungen japanischen Studenten in Wien erfüllen die Gebote abendländischer Kultur viel besser in unseren Restaurants, als die um sie her sitzenden Wiener Bürger es tun.

Das ist nur ein Beispiel für viele. Einige Österreicher — wenn ich es prozentuell ausdrücken wollte, käme allerdings eine verschwindend kleine Zahl heraus — essen ja kultiviert. Aber sie stehen antwortslos vor vielen anderen Fragen.

Wie soll man Feste feiern? Wie Besuche machen? Wie Einladungen ergehen lassen?

Wer darüber im Zweifel ist, frage an. Ich will auf alle Zuschriften nach bestem Wissen Antwort geben.

Die Kleidung

Wie soll man angezogen sein?
Modern.
Wann ist man modern angezogen?
Wenn man am wenigsten auffällt.

Ich falle nicht auf. Nun fahre ich nach Timbuktu oder Krätzenkirchen. Da staunt man mich an. Denn hier falle ich auf. Sehr. Ich muß daher eine Einschränkung machen. Modern gekleidet ist man, wenn man im Mittelpunkte der abendländischen Kultur nicht auffällt.

Ich trage braune Schuhe und einen Sakkoanzug. Und gehe auf einen Ball. Und wieder falle ich auf. Und muß daher wieder eine Einschränkung machen. Modern gekleidet ist man dann, wenn man im Mittelpunkte der abendländischen Kultur bei einer BESTIMMTEN Gelegenheit nicht auffällt.

Es ist Nachmittag und ich freue mich, daß ich in meiner graugestreiften Hose, meinem Gehrock und meinem Zylinder nicht auffalle. Denn ich bummle im Hyde-Park. Bummle und bin plötzlich in Whitechapel. Und falle wieder gehörig auf. Ich muß daher wieder eine Einschränkung machen. Modern angezogen ist man nur dann, wenn man im Mittelpunkte der Kultur bei einer bestimmten Gelegenheit in der BESTEN Gesellschaft nicht auffällt.

Nicht alle Menschen erfüllen bei uns diese Bedingungen. Denn sie werden uns sehr erschwert. In England bekennt sich alles zur abendländischen Kultur. Bei uns und in den Balkanländern nur die Bewohner der Städte. Da ist es schwierig, das Richtige zu finden. Auch der Staat selber zwingt uns zu Fehlern. Die Beamten — ich spreche vorläufig von denen, die keine Uniform tragen — sind gezwungen, bei Tage ihre Audienzen und Besuche in einem so lächerlichen Gewande zu machen, daß sie darin nicht einmal über die Straße gehen können, ohne ausgelacht zu werden. Der Frack am Vormittage muß selbst bei der größten Hitze durch einen Überzieher den spottenden Blicken der Passanten entzogen werden.

So geht es in hunderten verschiedensten Fällen. Im Zweifel wende man sich an mich. Ich werde alle Anfragen nach bestem Wissen zu beantworten suchen.

* * *

Aus einem alten amerikanischen Witzblatte.

Landstreicher (in einem zerrissenen Gehrock und Schuhen, aus denen die Zehen heraushängen): Bitte um eine milde Gabe!

Die Hausfrau: Armer Mann! Wie müsst Ihr leiden! Hier habt Ihr ein Paar alte Schuhe meines Mannes.

Landstreicher: Madame! Sie scheinen mich nicht für einen Gentleman zu halten, weil Sie mir zutrauen, gelbe Schuhe zum schwarzen Gehrock zu tragen.

Das Heim

Die Zeitungsschreiber haben es im Laufe der letzten Jahre versucht, uns Mut zu den Geschmacklosigkeiten der modernen Künstler zu machen. Ich will es versuchen, euch Mut zu eueren eigenen Geschmacklosigkeiten zu machen.

Wer fechten lernen will, muß selbst das Rapier in die Hand nehmen. Vom Fechtenzusehen hat noch niemand fechten gelernt. Und wer sich ein Heim schaffen will, muß selbst alles angeben. Sonst lernt er es nie. Wohl wird es voller Fehler sein. Aber es sind euere eigenen Fehler. Durch Selbstzucht und Uneitelkeit werdet ihr bald diese Fehler erkennen. Ihr werdet ändern und verbessern.

Euer Heim wird mit euch und ihr werdet mit euerem Heime.

Fürchtet euch nicht, daß euere Wohnung geschmacklos ausfallen könnte. Über Geschmacksachen läßt sich streiten. Wer kann entscheiden, wer recht hat?

Für euere Wohnung habt ihr immer recht. Niemand anderer.

Die Wortführer der modernen Künstler sagen euch, daß sie alle Wohnungen nach euerer Individualität einrichten. Das ist eine Lüge. Ein Künstler kann Wohnungen nur nach seiner Art einrichten. Wohl gibt es Menschen, die den Versuch machen — geradeso wie es Leute gibt, die die Pinsel in die Farbtöpfe stecken und nach dem Geschmacke des eventuellen Käufers ihre Leinwand bemalen. Aber Künstler nennt man die nicht.

Euere Wohnung könnt ihr euch nur selbst einrichten. Denn dadurch wird sie erst zu euerer Wohnung. Macht das ein anderer, sei er Maler oder Tapezierer, so ist es keine Wohnung. Es ist dann höchstens eine Reihe von Hotelzimmern. Oder die Karikatur einer Wohnung.

Wenn ich eine solche Wohnung betrete, so bedauere ich stets die armen Menschen, die hier ihr Leben verbringen.

Das also ist der Hintergrund, den sich die Leute für die kleinen Freuden und die großen Tragödien dieses Lebens schaffen ließen?!! — Das also?

Ach, diese Wohnungen sitzen euch wie ein Pierrotkostüm aus der Maskenleihanstalt!!

Möge nie der Ernst des Lebens an euch herantreten; so dass ihr euerer geliehenen Fetzen gewahr werdet!

Unter dem ehernen Schritte des Schicksals erstirbt euere Prahlerei, die mit den Modenamen der angewandten Künstler sich brüstet.

Heraus mit eueren Federn, ihr Menschen- und Seelenschilderer! Schildert einmal, wie sich Geburt und Tod, wie sich die Schmerzensschreie eines verunglückten Sohnes, das Todesröcheln einer sterbenden Mutter, die letzten Gedanken einer Tochter, die in den Tod gehen will, in einem Olbrichschen Schlafzimmer abspielen und ausnehmen.

Ein Bild nur greifet heraus: Das junge Mädchen, das sich den Tod gegeben. Lang hingestreckt liegt es auf der Diele des Fußbodens. Die eine Hand umklammert noch krampfhaft den rauchenden Revolver. Auf dem Tische ein Brief. Der Absagebrief. Ist das Zimmer, in dem sich das abspielt, geschmackvoll? Wer wird danach fragen? Wer darum sich kümmern? Es ist ein Zimmer, basta!

Aber wenn der Raum von Van der Velde eingerichtet ist? Dann ist's eben kein Zimmer.

Dann ist es — — —

Ja, was ist es denn eigentlich? — — —

Eine Blasphemie auf den Tod!

Möge es bei euch immer bei den kleinen Freuden bleiben!

* * *

Wer fechten will, muß das Rapier selbst in die Hand nehmen!

Und wer fechten lernen will, braucht überdies einen Fechtlehrer. Der muß es können. Ich will euer Wohnungslehrer sein. Euere Wohnung ist voller Fehler. Ihr wollt manches darin ändern. Man frage mich und ich will Auskunft geben. In diesem Blatte sollen alle Anfragen, die euer Heim betreffen, beantwortet werden.

Ihr wollt ein Zimmer neu tapezieren lassen und seid über die Farbe im Zweifel?

Ihr wollt Fenster und Türen einer neu aufgenommenen Wohnung streichen?

Ihr wollt wissen, wie man die alten Möbel in euerer neuen Wohnung am besten unterbringen kann?

Ob man ein Korbfauteuil in ein Wohnzimmer stellen darf?

Ob man das kann, ob jenes?

Sendet Farbproben, Stoffmuster und Tapeten, sendet Grundrisse und Zeichnungen ein. Wollt ihr sie wieder haben, legt die nötigen Marken bei. Ich werde alle Fragen nach bestem Wissen beantworten.

Unsere Konkurrenzen

Wir werden im Laufe des Erscheinens dieses Blattes Wettbewerbe veranstalten.

Diese Wettbewerbe sind nicht für Künstler. Sie sind nur für den Fabrikanten und den Handwerker.

Vom arbeitenden, schaffenden Menschen allein erwarte ich eine Gesundung der gewerblichen Verhältnisse, eine Hebung der Kultur und des Geschmackes.

Euch Männern der Werkstatt kann niemand anderer helfen, als ihr selber.

Ihr seid verschüchtert, habt keinen Mut und keine Kraft, seid zu lange unter der Vormundschaft der Architekten und Zeichner gestanden.

Eine solche Konkurrenz wird euch zeigen, wie viel Geschmack und Erfindungskraft in euren Werkstätten steckt. Blickt nicht nach rückwärts oder seitwärts, weder in vergangene Jahrhunderte noch auf die Entwürfe der Künstler. Ihr Meister, Gehilfen und Lehrjungen, blickt in euch selber.

Die erste Konkurrenz ist für Tischler bestimmt. Die vornehmsten aristokratischen Kreise Wiens werden eure Arbeit begutachten. Für die sollt ihr arbeiten.

Es wäre eine müßige Frage, zu untersuchen, ob der Aristokrat mehr Geschmack besitzt als der Bürger. Wir stehen einfach vor der Tatsache, das der Friseurgehilfe in der Wahl seines Anzuges von dem Bestreben geleitet sein wird, für einen Grafen gehalten zu werden, während ich noch nie einen Grafen sah, der sich so anzog, um für einen Friseurgehilfen gehalten zu werden.

Dieser allen Menschen gemeinsame Zug hat zur Folge gehabt, daß sich die Kultur seit dem Bestande des Menschengeschlechtes stets gehoben hat.

Was für das Schneidergewerbe gilt, gilt für jedes Handwerk.

Dadurch, daß die dem aristokratischen Geschmacke am meisten entsprechende Arbeit ausgewählt wird, erwächst sowohl euch, Produzenten, als auch euch, dem kaufenden Publikum, der Vorteil, daß ihr beide nun wißt, in welcher Art man erzeugen kann und was man kaufen soll.

Preise werden keine verteilt. Durch die Möglichkeit, die Arbeiten in einem ersten Kunstsalon zur Ausstellung und zum Verkaufe zu bringen, werden die Tüchtigen von selbst belohnt.

WETTBEWERB FÜR TISCHLER.

Es wird ein Wettbewerb für eine Cartonière, eine offene Briefpapierkassette, ausgeschrieben.

Die Bedingungen sind folgende:

1. Man hat sich genau nach der beiliegenden Form und Maßen zu richten. Die Maße, die nicht angegeben sind (die Holzstärken etc.), sind dem Arbeiter freigestellt.
2. Es sind nicht Zeichnungen, sondern die ausgeführten Objekte einzusenden.
3. Die Wahl des Holzes, der Bearbeitung (matt oder poliert), der Dekor (eingelegte Linien oder Ornamente) und die Kurven sind dem Ermessen des Arbeiters anheimgestellt.
4. Die Auswahl der besten Arbeiten erfolgt durch ein geladenes Publikum, das sich aus der vornehmsten Gesellschaft Wiens zusammensetzen soll. Jeder Eingeladene hat das Recht, eine Kassette für die schönste zu erklären. Die Arbeit, die die meisten Stimmen auf sich vereinigt, hat gesiegt. Die auf jede Arbeit entfallende Stimmenzahl wird darauf ersichtlich gemacht.
5. Die Auswahl geschieht spätestens acht Tage nach dem Einlieferungstermin und werden die Objekte von da ab bis zum 24. Dezember in einem ersten Wiener Kunstsalon zur freien Ausstellung gelangen.

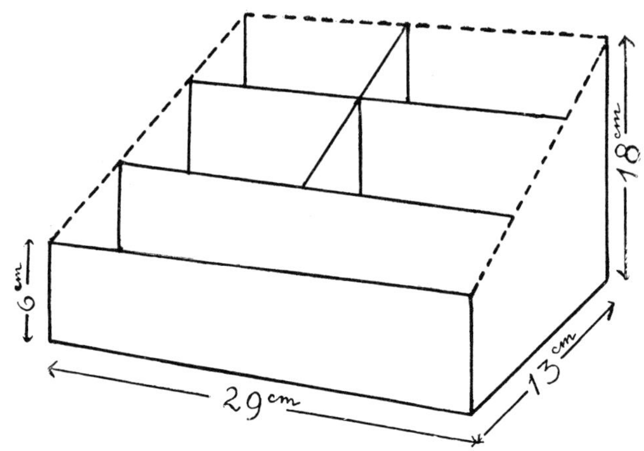

Perspektivische Skizze der Cartonière.

Die punktierten Linien können auch Kurven sein. Die Maße sind außen gemessen. Ein eventuelles Sockelprofil kann vorstehen.

6. Jeder Einsender ist berechtigt, mehrere (verschiedene) Objekte einzusenden.
7. Jedem Objekte hat ein verschlossenes Kuvert beizuliegen, in welchem der Name und die Adresse des Verfertigers sowie der Preis bekanntgegeben werden. Dieses Kuvert wird erst nach der Prämiierung geöffnet.
8. Der Verkaufspreis wird durch ein Komitee, bestehend aus einem Kleingewerbetreibenden, einem Vertreter der Großindustrie und einer Mittelsperson (Adolf Loos), bestimmt werden. Die Mitte dieser drei Preisangaben entscheidet. Dazu kommt noch ein 10prozentiger Zuschlag (für das Objekt sowie dessen Nachbestellungen) als Verkaufsspesen an den Kunstsalon. Nachbestellungen dürfen bis zum 24. Dezember ausschließlich nur im Kunstsalon angenommen werden.
9. Sollte der vom Komitee bestimmte Preis niedriger sein als der vom Verfertiger verlangte, so ist zuerst bei diesem anzufragen, ob er mit der Preisreduktion einverstanden ist. Er hat das Recht, dann einen anderen Preis anzugeben. Wer aber einen geringeren Preis angegeben hat, muß sich dem vom Komitee bestimmten fügen.
10. Beteiligen kann sich jeder in Österreich-Ungarn lebende Arbeiter (Meister, Gehilfe, Lehrjunge).

11. Die Objekte sind zu adressieren: An die Konkurrenz „Das Andere“, Wien, I. Marc Aurelstraße 6. Duplikate für eventuelle Nachbestellungen können nur acht Tage später in beliebiger Anzahl an dieselbe Adresse abgeschickt werden
12. Preise werden keine verteilt.
13. Die verkauften Exemplare dürfen erst am 24. Dezember abgeholt werden.
14. Das Ergebnis der Konkurrenz wird allen Tages- und Fachblättern mitgeteilt.
15. Der letzte Termin für die Absendung ist der 15. November 1903.
16. Objekte, die nicht spätestens am 1. Jänner 1904 im Kunstsalon abgeholt werden, werden auf Kosten des Ausstellers rückgesendet. Die Abholung geschieht nur gegen Marken, die man bei der Ablieferung erhält. Ohne Marke wird das Objekt einen Monat lang zurückgehalten.

Zur Beachtung

Die Firmen, die im redaktionellen Teile dieses Blattes lobend genannt werden, haben dafür weder etwas bezahlt noch etwas zu bezahlen. Um Mißbräuchen vorzubeugen, wird gebeten, Personen, die mit Geldforderungen oder Begünstigungen herantreten, sofort anzuhalten und den Behörden zu übergeben.

Wir ersuchen auch, an die Redaktion keine Freikarten zu senden. Leute, die im Namen des Blattes mit derlei Forderungen herantreten, sind wie oben zu behandeln.

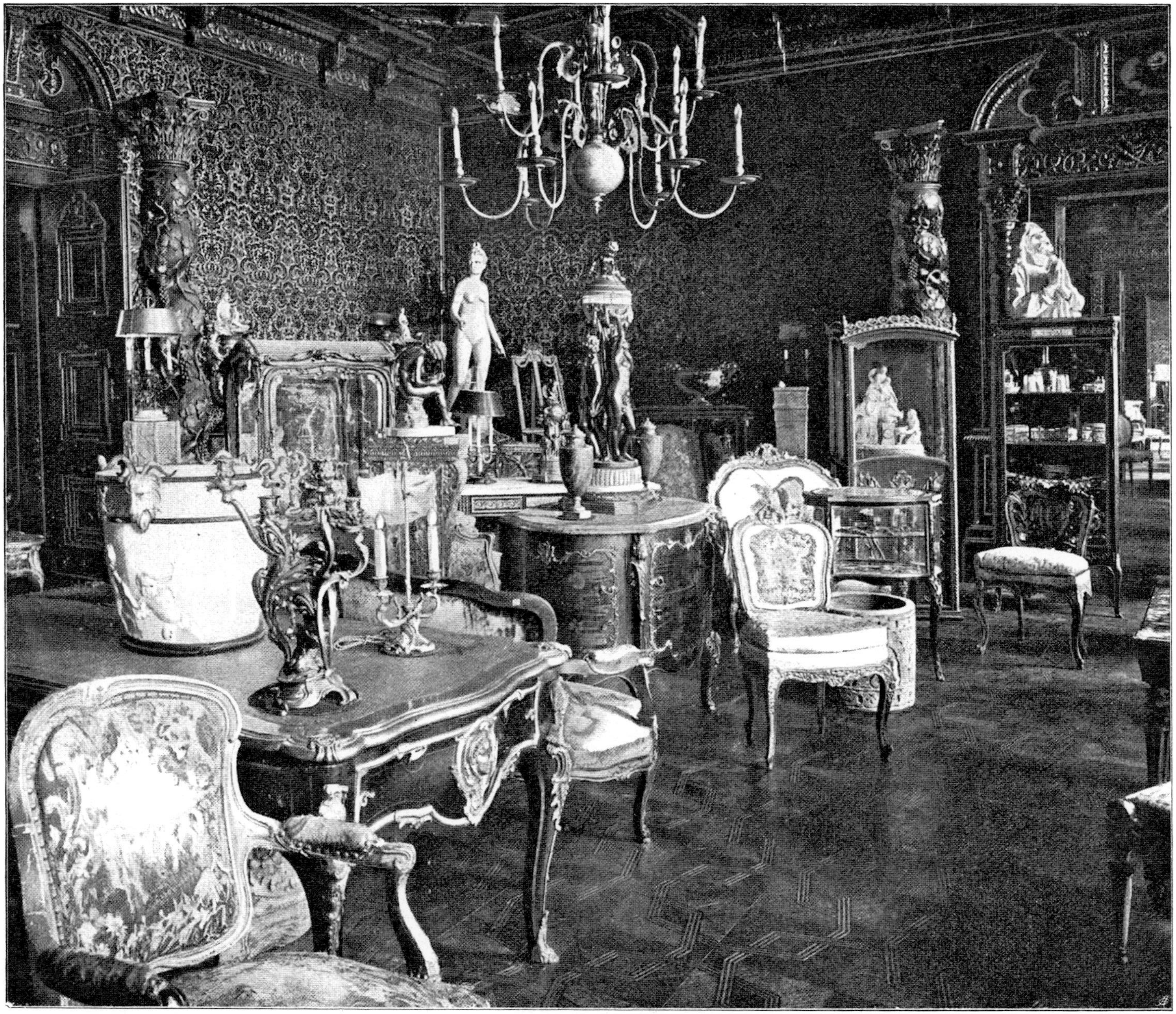

F. O. SCHMIDT, I.

SINGERSTRASSE 16 (PALAIS BRÄUNER) LADET ZUM FREIEN BESUCHE SEINER AUSSTELLUNGSRÄUME HÖFLICHST EIN.

PRAG-RUDNIKER KORBWAREN-FABRIKATION

WIEN
VI. MARIAHILFERSTRASSE 1A

BESTEHENDE EINRICHTUNGEN:
Hotel Bristol—Wien; Hotel Europe—St. Petersburg; Shepheards-Hotel—Cairo; Sanatorium Alhayot—Ägypten; Sanatorium Kopenhagen etc. etc.

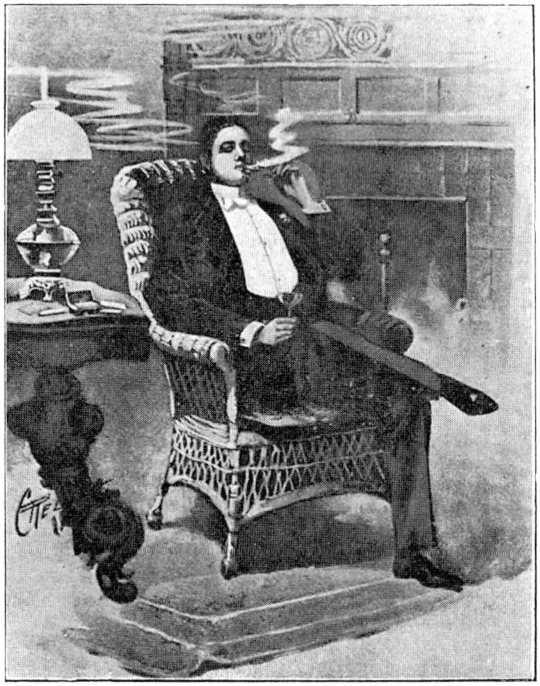

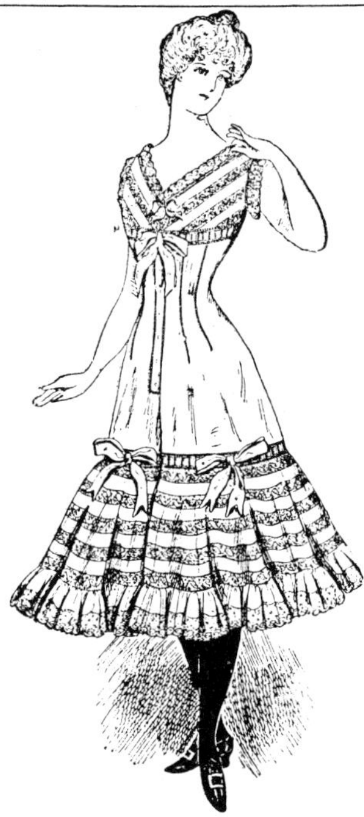

Nightdresses, Chemises
Combinations, Skirts

TAUSKY & MANDL

WIEN, I. WIPPLINGERSTRASSE 16
ECKE SCHWERTGASSE

MEINE HERREN!

Es gereicht mir zum Vergnügen, Ihnen mitteilen zu können, daß ich Gelegenheit hatte, die von Ihrer Firma erzeugten Wäschestücke zu begutachten. Ich finde, daß dieselben in praktischer Ausführung und hygienischer Hinsicht den Anforderungen höchster Kultur entsprechen. Durch den Bestand Ihrer Firma ist man nicht mehr genötigt Night-gowns and Combinations in England zu bestellen. @@@

WIEN, 12. August 1902.

Hochachtungsvoll ADOLF LOOS

Verlag „KUNST", Wien, I. Marc Aurelstraße 6. — Verantwortlich Adolf Loos. — Wilhelm Fischers Buchdruckerei.

DAS ANDERE Reprint 2016
ISBN: 978-3-03778-481-5

Nr. 2 WIEN, 15. OKTOBER 1903 Preis 20 h

DAS ANDERE

EIN BLATT ZUR EINFUEHRUNG ABENDLAENDISCHER KULTUR IN OESTERREICH: GESCHRIEBEN VON ADOLF LOOS

1. JAHR

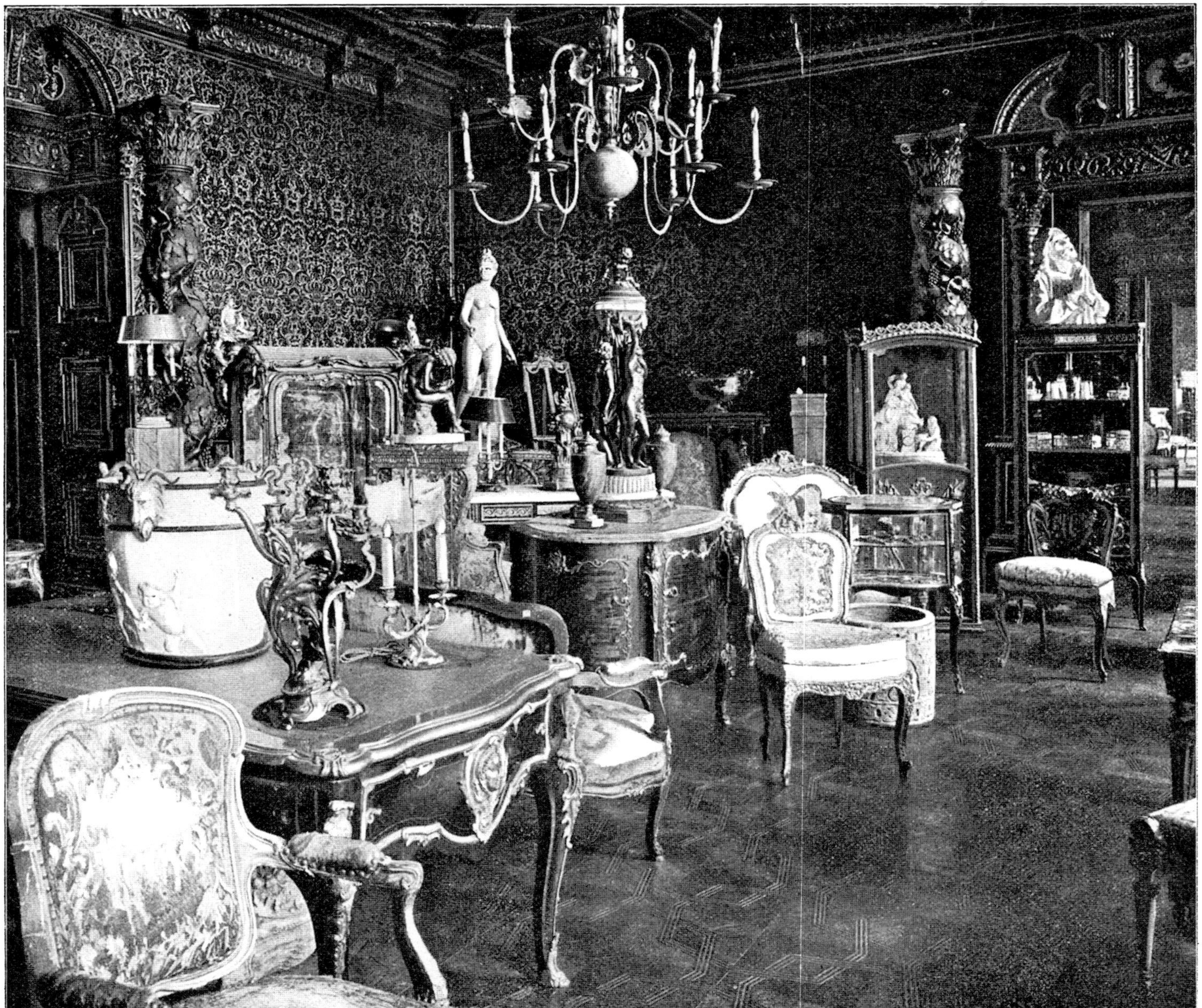

IHR BLATT ist ja ganz gut, aber der Titel ist eine Frechheit!

— Warum? Ich verstehe nicht -- —

= Nun das mit der abendländischen Kultur. Die besitzen wir doch!

— Gestatten Sie eine Zwischenfrage: Halten Sie den Gebrauch des Klosettpapieres, oder, um mich deutlicher auszudrücken, des Papieres überhaupt, für einen wesentlichen Bestandteil der abendländischen Kultur?

= Gewiß.

— Und noch eine Zwischenfrage: Könnte ein Zulukaffer, der einen Zylinder aufsetzt, behaupten, er sei nach den Begriffen abendländischer Kultur gekleidet?

= Gewiß nicht. Ich würde ihm sagen, zur zivilisierten Kleidung fehlen ihm noch 80 Prozent.

— Ganz gut. Und sehen Sie: 80 Prozent der Bewohner Österreichs ist der Gebrauch des genannten Papieres vollständig fremd.

= Ist das möglich?

— Es ist so. Jeder Offizier, der bei der Truppe dient, kann Ihnen das bestätigen.

= Ja — aber — diese 80 Prozent werden Sie durch Ihr Blatt nicht bekehren. Sie können sie ja nicht erreichen. Den Lesern Ihres Blattes werden Sie doch abendländische Kultur nicht absprechen wollen?

— Gewiß nicht. Aber zur Mitarbeit will ich sie aneifern. Mir wurde erzählt, daß in vielen Restaurants sich die Gäste beschwerten, daß keine Salzlöffel vorhanden seien. Das ist ein Anfang.

= Aber Ihre Tätigkeit schädigt den guten Ruf Österreichs und wird auch die wenigen Fremden noch von uns fernhalten.

— Das macht nichts. Wenn ein Mensch an übelriechendem Atem leidet, so soll man es ihm sagen. Er kann es abstellen. Das ist besser, als wenn man ihn meidet.

ES WAR EINMAL ein Sattlermeister. Ein tüchtiger, guter Meister. Der machte Sättel, die so geformt waren, daß sie mit den Sätteln früherer Jahrhunderte nichts gemein hatten. Auch nicht mit türkischen oder japanischen. Also moderne Sättel. Er aber wußte das nicht. Er wußte nur, daß er Sättel machte. So gut, wie er konnte.

Da kam in die Stadt eine merkwürdige Bewegung. Man nannte sie die Sezession. Die verlangte, daß man nur moderne Gebrauchsgegenstände erzeuge.

Als der Sattlermeister das hörte, nahm er einen seiner besten Sättel und ging damit zu einem der Führer der Sezession.

Und sagte zu ihm: Herr Professor — denn das war der Mann, da die Führer dieser Bewegung sofort zu Professoren gemacht wurden — Herr Professor! Ich habe von Ihren Forderungen gehört. Auch ich bin ein moderner Mensch. Auch ich möchte modern arbeiten. Sagen Sie mir: Ist dieser Sattel modern?

Der Professor besah den Sattel und hielt dem Meister einen langen Vortrag, aus dem er immer nur die Worte „Kunst im Handwerk“, „Individualität“, „Moderne“, „Hermann Bahr“, „Ruskin“, „angewandte Kunst“ etc. etc. heraushörte. Das Fazit aber war: Nein, das ist kein moderner Sattel.

Ganz beschämt ging der Meister davon. Und dachte nach, arbeitete, und dachte wieder. Aber so sehr er sich anstrengte, den hohen Forderungen des Professors nachzukommen, er brachte immer wieder seinen alten Sattel heraus.

Betrübt ging er wieder zu dem Professor. Klagte ihm sein Leid. Der Professor besah sich die Versuche des Mannes und sprach: Lieber Meister, Sie besitzen eben keine Phantasie.

Ja, das war's. Die besaß er offenbar nicht. Phantasie! Aber er hatte gar nicht gewußt, daß die zum Sattelerzeugen notwendig sei. Hätte er sie, so wäre er sicher Maler oder Bildhauer geworden. Oder Dichter oder Komponist.

Der Professor aber sagte: Kommen Sie morgen wieder. Wir sind ja da, um das Gewerbe zu fördern und mit neuen Ideen zu befruchten. Ich will sehen, was sich für Sie tun läßt.

Und in seiner Klasse schrieb er folgende Konkurrenz aus: Entwurf für einen Sattel.

Am nächsten Tage kam der Sattlermeister wieder. Der Professor konnte ihm 49 Entwürfe für Sättel vorweisen. Denn er hatte zwar nur 44 Schüler, aber 5 Entwürfe hatte er selbst angefertigt. Die sollten ins „Studio“. Denn es steckte Stimmung in ihnen.

Lange besah sich der Meister die Zeichnungen und seine Augen wurden heller und heller.

Dann sagte er: Herr Professor! Wenn ich so wenig vom Reiten, vom Pferde, vom Leder und von der Arbeit verstehen würde wie Sie, dann hätte ich auch Ihre Phantasie!

Und lebt nun glücklich und zufrieden.

Und macht Sättel. Moderne? Er weiß es nicht. —

Sättel.

AHA, wird der Leser sagen, der das nebenstehende Bild betrachtet, das ist so ein englischer Laden in einer alten englischen Stadt. In Chester oder in Stratford on Avon. Wie aus einem alten englischen Blatte herausgeschnitten.

Der Leser irrt sich. Das ist eine Wiener Aufnahme, aus dem Herzen der Stadt. Am Wildpretmarkt befindet sich dieses Portal, das letzte Wiener Portal aus dem alten Wien. Es stammt aus einer Zeit, in der Österreich noch im Herzen des abendländischen Kulturbezirkes lag, aus der Zeit, in der es keine Unterschiede zwischen englischen und österreichischen Portalen, zwischen englischen und österreichischen Möbeln und Tischlererzeugnissen gab. Aus der Kongreßzeit. Aus der Zeit, die fast hundert Jahre zurück liegt, in denen alle Faktoren daran gearbeitet haben, uns langsam, aber sicher zu Balkanstaatlern herunterzudrücken.

Ich weiß, was mir die gelernten Archäologen und Architekten zurufen werden. Sie werden sagen: Das ist falsch. Denn zwischen den englischen Möbeln und den österreichischen vom Jahre 1815 besteht wohl ein Unterschied.

Das räume ich ein. Aber der Unterschied war nicht größer als der zwischen einem Frack von Frank und einem von Poole. Der Laie erkennt ihn nicht. Der Schneider wird ihn sofort heraushaben.

Ehre der Familie Exinger, die durch 90 Jahre ihr Geschäftsportal in dem gleichen Zustande erhalten hat! Wohl wurde es fast alle zehn Jahre neu gestrichen. Aber man hat immer die ursprüng. chen Farben, weiß und grün, gewählt, obwohl man schon durch 50 Jahre in Wien den Versuch macht, uns durch den Anstrich Eichenholz oder Nuß, und jetzt — man sieht, es gibt einen Fortschritt — Ahorn oder Mahagoni vorzuschwindeln. Ehre der Familie Exinger! Ihrer Treue, ihrem Festhalten an der *wahren* österreichischen Kultur haben wir es zu verdanken, daß wir uns heute noch an der ursprünglichen Gestalt und Farbe des Portales erfreuen können.

Aber nicht lange mehr. Denn in 14 Tagen, am 1. November, wird mit dem Abbruch des Hauses begonnen. Und das gibt mir eine Idee. Sie ist nicht von mir. Als die Großmarkthallen in Berlin erbaut wurden, wurde die letzte Berliner

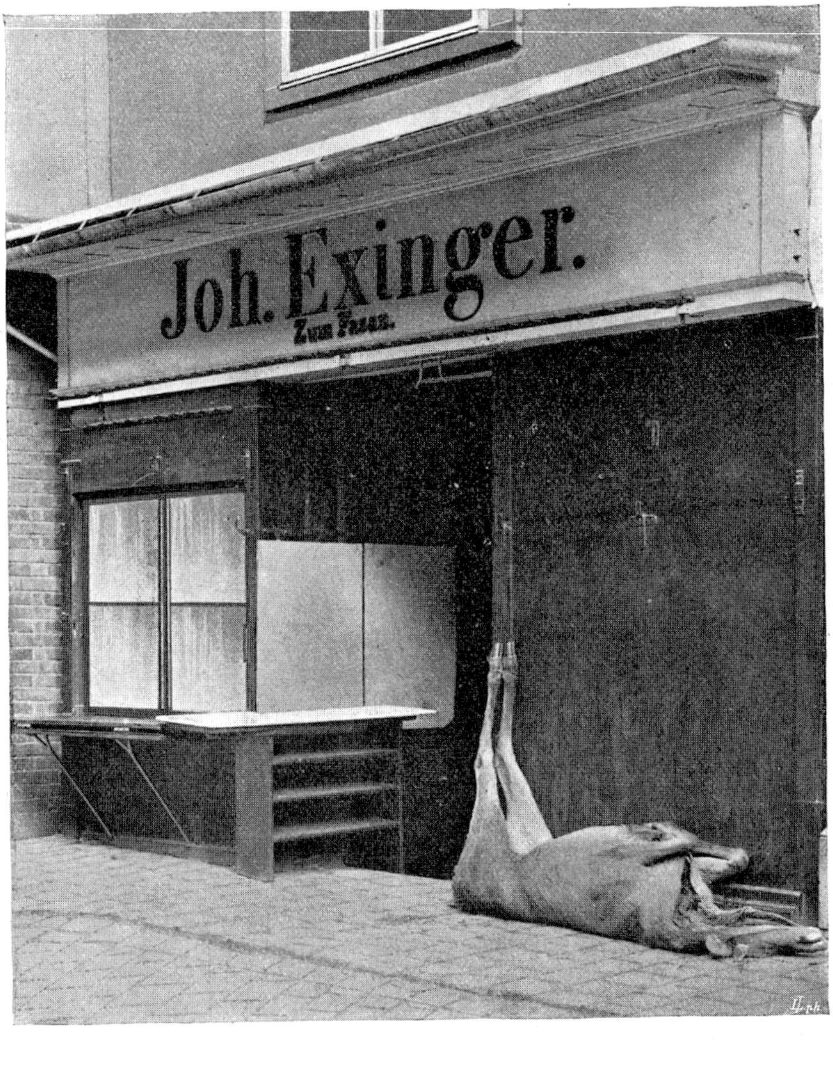

Markthütte dem städtischen Museum einverleibt. Eine Markthütte nur. Kein Kunstwerk. Kein Künstlername hing daran, mit dem man herumprotzen konnte.

Wir haben auch ein städtisches Museum.

— — — — — — — — — — — — — —

Man wird mich vielleicht auslachen. Was liegt an dem alten Gerümpel? Man bedenke aber, daß es den Sammlern alter Erzeugnisse in den Vierziger- und Fünfzigerjahren ähnlich erging. Was liegt an dem alten Gerümpel? Und dieses alte Gerümpel, das man den Verspotteten um einige Gulden gern überließ, trug 50 Jahre später auf den Auktionen Millionen ein.

Ich habe das Meinige getan. Die Zeit drängt. Der Amtsschimmel reitet langsam und noch langsamer das Verständnis für meine Anregung. Vielleicht gibt es einen Bürger oder Kavalier, der über den Raum verfügt, es aufzubewahren. Einmal wird es gerne genommen werden. Auch für schweres Geld.

Wie der Staat für uns sorgt

Der Planetenjunge hat mir einige Zuschriften verschafft. Ob ich denn nicht wisse, daß nur Juden die Börse besuchen? Gewiß weiß ich das. Und daß nur darum die Börse den schlechten Ruf habe? Und ob ich denn gar nichts von Maison Feuerstein gelesen habe? Ich habe. Und ob ich nicht wisse, daß das Hausieren mit Planeten überhaupt, also auch für Erwachsene verboten sei? Ich weiß es.

* * *

Ich darf die jüngsten Enthüllungen über das Nachtasyl Feuerstein als bekannt voraussetzen. Ein 13jähriges Mädchen, mit einer ansteckenden Krankheit behaftet, übertrug diese auf andere Kinder. Darüber Zeter und Mordio in der Presse. Schrecklich, schrecklich. Das Nachtasyl ist eine Lasterstätte — Die Gefahren der Straße — Kinder gehören in die Familie.

Sehen wir uns diese Familie näher an. Ein Zimmer. Vater, Mutter und so und so viel Kinder. In dem Zimmer wird gekocht, gegessen und geschlafen. Abends und im Laufe der Nacht kommen die Schlafburschen und die Schlafmädel.

Es gibt Leute, die sich darüber herumstreiten, ob und wann die Kinder über die Funktionen der Fortpflanzung aufgeklärt werden sollen.

Für das Proletariat sind solche „Fragen" Blech. Mit den Funktionen der Fortpflanzung werden die Kinder genau so bald vertraut gemacht wie mit den Funktionen der Verdauung. Wohl besteht ein kleiner Unterschied. Während nämlich Vater und Mutter, Schlafburschen und Schlafmädel doch das Gefühl haben, die letzteren Funktionen den Augen der Kinder zu entziehen, fällt diese Schamhaftigkeit bei den ersteren Funktionen vollständig weg. Nicht wie in Maison Feuerstein liegen in einem Bette vier Kinder, sondern noch ein Schlafbursche und ein Schlafmädel dazu.

Ich weiß nicht, ob es angeht, die Ärzte zu verhalten, jede geschlechtliche Krankheit an Patienten unter 14 Jahren zur Anzeige zu bringen. Ein Jahr solcher Statistik würde den stumpfsinnigen Ruf, daß das Kind in die Familie gehöre, bald zum Schweigen bringen. Es gibt keine Gefahren der Straße. Die steht unter dem Schutze der Öffentlichkeit. Es gibt nur eine Gefahr der Familie.

* * *

Es werden wohl noch Jahre vergehen, bis unsere Gesetzmacher so weit sein werden, das einzusehen. Gegenwärtig kalkuliert man so: Es gibt keine Not und kein Elend, es gibt keine Laster und Ausschweifungen, wenn sie hübsch zwischen den vier Wänden bleiben. Und auf diesen Geist ist auch der Paragraph im Preßgesetzentwurf zurückzuführen, nach dem nur solchen Personen der Straßenvertrieb der Zeitungen gestattet ist, die das 18. Lebensjahr überschritten haben.

Kindern wird ja nicht verboten, Geld zu verdienen. Beileibe nicht. Aber sie sollen das nicht auf der Straße tun. Nur hübsch zu Hause hocken. Im Schoße der Familie. Da können sie von Staats wegen die ganze Nacht Papiersäcke kleben oder Zahnstocher schneiden, während sich der Schlafbursche mit dem Schlafmädel vergnügt.

Aber die Straße ist voll Gefahren.

* * *

In Amerika denkt man anders. Man würde es als eine Vergeudung der Volkskraft und des Nationalvermögens empfinden, wenn man junge starke Bursche, die Lasten tragen können, mit dem Blättchen in der Hand die Straßen auf und ab laufen sehen würde. Wir Österreicher sind ja reich. Wir haben's ja. Wir können uns das leisten. Aber die Amerikaner sind sparsam. Sie verwenden ihre Jugend dazu. Und damit die Knaben, die sich schon so frühzeitig auf eigene Füße gestellt haben, nicht Ausbeutern in die Hände fallen, errichtet die Stadt oder ein Zeitungsmillionär Asyle für die Zeitungsjungen, in denen sie sich für billiges Geld sattessen können. Und um fünf Cents können sie schlafen und bekommen gratis noch ein Bad dazu.

* * *

Der Trieb unter den Kindern des Proletariats, Geld zu verdienen, ist einmal da. Unterdrücken können ihn die Gesetzgeber nicht. Aber in richtige Bahnen können sie ihn lenken. Verbietet man den Jungen das öffentliche Feilbieten unserer Preßerzeugnisse, so werden sie sich an dem geheimen Feilbieten der Planeten schadlos halten. Planeten sollten von der Zensur unterdrückt werden. Sollten! Denn sie verbreiten Dummheit. Aber sprechen Sie 'mal mit dem Finanzminister. Der würde sich dagegen verwahren, daß die beste Animiermethode für die Lottokollekturen verboten würde.

* * *

Die Ärzte sagen, daß Lues in der Kindheit lange nicht so gefährlich sei als im reiferen Alter. Und die Psychologen sagen, daß die Masturbation zu Zweien lange nicht so schädlich auf den Charakter wirkt, wie die allein. Ich glaube fast — das Proletariat ist auf alle Fälle besser daran — — —

Baurat Baumann wurde die Installation der österreichischen Abteilung in Saint Louis übertragen. Na, das kann wieder gut werden. Sezession oder Aftersezession — das war hier die Frage.

Was man uns verkauft

In Amerika ist ein Gemüse im Gebrauch, das so häufig auf den Tisch kommt, wie bei uns Kohlrüben oder Fisolen. Es heißt egg-plant — Eierpflanze. Auch bei uns wird es in jüngster Zeit auf den Markt gebracht unter dem Namen Melanzane. Auf dem Naschmarkte werden unseren Hausfrauen die blauen, länglichen Früchte sicher schon aufgefallen sein. Aber die Nachfrage ist trotz ihrer Wohlfeilheit gering. Denn man versteht sie nicht zuzubereiten. Es geht dieser Frucht wie der Kartoffel. Ich bringe hier ihre beste Zubereitungsweise.

Man schält die Frucht und schneidet sie, wenn sie lang ist, der Länge nach, wenn sie rund ist, der Breite nach in 4 Millimeter breite Scheiben. Salzt sie und panniert sie in Mehl, Eier und Semmelbrösel. Dann bäckt man sie ziemlich lange in Butter wie ein Schnitzl aus.

Ich habe mit dem vegetarischen Speisehause in der Spiegelgasse Nr. 8 (Mezzanin) das Abkommen getroffen, daß diese Eierpflanzen täglich zu Mittag durch acht Tage, vom 15. Oktober angefangen, in dieser Weise zubereitet werden. Vielleicht machen manche Ehemänner den Versuch und erzählen ihren Frauen davon. Oder die Frauen gehen gleich selbst hin. Oder Restaurateure.

Was man druckt

Die Buchstaben, mit denen der Untertitel dieses Blattes gedruckt ist — EIN BLATT ZUR EINFUEHRUNG — sind von der Firma Poppelbaum unter dem Namen Ver sacrum in den Handel gebracht worden. Also sezessionistische Buchstaben, wird der Leser sagen. Nein, das sind sie nicht. Aber modern sind sie. Sie stammen wohl aus dem Jahre 1783 und sind einem Freibriefe für Lehrlinge der Buchdruckerkunst der Stadt Wien entnommen. Hundertzwanzig Jahre sind sie alt und muten uns so modern an, als wären sie von gestern. Muten uns moderner an als die Otto Eckmannschen Buchstaben von vorgestern oder die Alphabete der Wagnerschule mit ihren überhöhten T von vorvorgestern. Denn in Wahrheit wurden diese Buchstaben vom Jahre 1783 damals geboren. Buchstaben wollte der Mann vom Jahre 1783 machen. An einen bestimmten Stil hat er nicht gedacht. Unsere Künstler wollen aber moderne Buchstaben machen. Aber die Zeit ist stark. Die läßt sich nicht überlisten.

Mit der Wahrheit, und sei sie Hunderte von Jahren alt, haben wir mehr innere Zusammenhänge als mit der Lüge, die neben uns geht.

Gute Plakate, die gegenwärtig in Wien affichiert sind: Kathreiners Malzkaffee (das große in der Stallburggasse). — Die amerikanische Barfußtänzerin im Orpheum. (Beide bei Weiner gedruckt.) — Pendelversuch in der Rotunde. (Gesellschaft für graphische Industrie.)

Was wir lesen

Ich erhielt folgende Zuschrift: Darf ich mich bei Ihnen mit einem kleinen Beitrage einfinden? Ja? — So hören Sie. Ich habe einen Jungen. Acht Jahre alt. Ein ganz prächtiger Kerl. Aber seine Unarten hat er doch auch. So zeigte er immer mit der Hand auf die Leute, die ihm auffielen, oder von denen er sprach, oder von denen er wissen wollte, wer sie seien. Ich gab ihm jedesmal einen Klaps. „Das darf man nicht," sagte ich. Und er ließ von dieser Unart ab. Neulich aber zeigt er wieder mit der Hand auf einen Herrn und fragt: „Wer ist denn das, Papa?" Natürlich hat er sofort wieder seinen Klaps. Da aber sieht er mich sehr mitleidig an, kramt aus seiner Tasche einen zerknitterten Zettel, den ich als einen Zeitungsausschnitt erkenne, und hält mir ihn vor die Nase. Da lese ich: „Kaiser Wilhelm musterte das Publikum im ersten Zwischenakte, ohne ein Opernglas zu benutzen. Er sah ernst und beinahe strenge drein und schien sich bei unserem Kaiser wiederholt nach einzelnen Persönlichkeiten zu erkundigen, nach denen er mit der ausgestreckten Hand zeigte."!! So stand es buchstäblich da. „Zeit" Nr. 349 vom 19. September 1903. Und ich? Was sollte ich tun? Was soll ich überhaupt tun? Denn jetzt verfangen die Klapse nicht mehr. Jetzt sind sie ein Unrecht, das ich an meinem Jungen oder — am deutschen Kaiser begehe.

Ich möchte auf ein Buch hinweisen, das in engster Fühlung zu der Frage steht, die ich unter der Rubrik: „Wie der Staat für uns sorgt" behandelt habe. Es ist dies Frank Wedekinds „Frühlingserwachen". Eine Kindertragödie. Hat man die ersten Seiten gelesen, so sagt man sich: Aha, ein pornographisches Buch. Kinder, die sich über sexuelle Probleme unterhalten. Aber man liest weiter und weiter. Das Buch hält den Ton bei. Es wird immer „ärger" und „ärger". Und wenn man das Buch zuklappt, dann sitzt man erschüttert da.

Wenn dieses Buch doch jeder Vater, jede Mutter, jeder Lehrer lesen würde!

Ein Herr M. M. schreibt eine Besprechung in der „Bohemia" über dieses Blatt, nennt den Titel „Ein Blatt zur Einführung abendländischer Kultur in Österreich" eine lächerliche Überhebung und schreibt dann wörtlich: „Hoffen wir, daß schon das nächste ‚Andere' mit Befriedigung wird konstatieren können, daß sämtliche Wiener Restaurants seither zu ihren Salzfässern Salzlöffelchen, die heute überall fehlen, angeschafft haben, und daß die Wiener Gasthausgäste nicht mehr genötigt sind, Salz mit dem Messer aufzuschaufeln, eine Gewohnheit, die übrigens ihre Häßlichkeit eingebüßt haben wird, wenn sämtliche Gasthausgänger auch aufgehört haben werden, Speisen mit dem Messer zum Munde zu führen." Diese Stelle hat Herr M. M. allerdings nicht spationieren lassen. Aber ich tue es.

Woraus zu ersehen ist, daß die 40 Millionen Menschen der Monarchie es vielleicht nicht notwendig haben, daß ihnen abendländische Kultur beigebracht wird. Aber Herr M. M. hat es entschieden nötig.

Noch einen weiß ich. Ich schrieb nämlich vor Jahren einen Artikel über die Art, wie die Wiener in den Restaurants essen. Keine Zeitung wollte ihn mir abdrucken. Ich könne doch nicht verlangen, daß das Blatt alle Abonnenten verliere. Aber einen Bürstenabzug hatte ich. Folgende Stelle kam darin vor: „Zu den Unannehmlichkeiten des Wiener Restaurantlebens gehört auch die Tatsache, daß man sich nicht die Speisen nachsalzen kann. Salzlöffel gibt es nicht. Und dadurch nimmt das Gasthaussalz nach und nach den Geschmack und die Farbe der ganzen Speisekarte an." Das gab ich dem zu lesen, von dem ich nun weiß, daß er mein Blatt nötig hat. Er sagte nämlich: „Das ist auch eine Schweinerei. Alle fahren mit dem Messer, auf dem sich noch die Speisenreste befinden, in das Salz. ICH lecke das Messer immer ab, bevor ich mir nachsalze."

Man sieht, hier steht Ansicht gegen Ansicht.

Vielleicht verbinden sich die beiden Herren, einigen sich und geben ein Blatt zur Einführung österreichischer Kultur in England heraus. Das ist kein grotesker Gedanke. Der Wiener Modeklub versucht das schon Jahr für Jahr und wird bei diesem Bestreben nicht von Gelächter, sondern von den Sympathien aller guten Österreicher begleitet.

Zum Prügelprozess in Bayreuth. Namen von Personen, vor denen anständige Menschen auszuspucken haben:

Kommerzienrat Rudolf Koch, Direktor der Deutschen Bank. Die Frau dieses, Frau Rosalie Koch. Rittmeister a. D. Bugge, deren Schwiegersohn. Dr. med. Vogt, Direktor des neobiologischen Universitäts-Laboratoriums. Sämtlich in Berlin.

Was wir sehen und hören

Wo ich mich auch immer befinde — ich habe noch nie eine Tristan-Aufführung versäumt. Mir ist Tristan das höchste Kunstwerk, von dem wir Kenntnis besitzen. Ich möchte danken für die Gnade, daß ich nach der Schaffung des Tristan auf diese Welt gekommen bin.

Ich bin kein Tränensack. Wenn bei einem rührseligen Theaterstücke ein Sacktuch nach dem anderen aus der Tasche geholt wird und dem ganzen Parkett die Tränen herunterlaufen, so sage ich mir: Was haben die Leute?! Der Reinhold passiert doch nichts. Und der Reimers wird sich eine Stunde später sicher Klops à la Königsberg im Löwenbräu geben lassen.

Aber im Tristan weiß ich nicht mehr, wie die Menschen heißen, die auf der Bühne stehen. Und die fünf Viertelstunden Musik des ersten Aktes bringen mich so aus dem Geleise, daß ich beim Fallen des Vorhanges Tränen in den Augen fühle über die fürchterliche Tragik, durch die Isolde durch ihre Frauen von der Seite Tristans gerissen und in die königliche Zwangsjacke gesteckt wird. Ich fürchte, daß es jemand bemerken könnte. Ich schäme mich. Immer.

* * *

Tristan wurde neu ausgestattet. Professor Roller wurde mit den Arbeiten betraut. Der Vorhang ging auf. Aber ich hörte nicht die Stimme des jungen Seemannes. Meine Augen waren zu sehr beschäftigt. Was ist denn das für ein Schiff?! Schief durchschnitten. Längsschnitt oder Querschnitt? Die Mildenburg ist gut bei Stimme. Querschnitt oder Längsschnitt?? Na, wir werden's ja gleich sehen. Der Vorhang wird bald aufgehen. Luft, Luft. Endlich: Es ist der Querschnitt! Gott sei Dank! Länger hätte ich's nicht mehr ausgehalten. Aber was ist denn das? Tristan segelt und steuert zugleich. Das hat Roller sicher am Attersee gesehen. Befehlen ließ dem Eigenholde! Oder am Gmundnersee. Gmunden. Dort ist Altenberg. Ob er wohl bald nach Wien kommt? Wie lenkt' ich sicher den Kahn? Das ist ja Schmedes. Warum nicht Winkelmann? Winkelmann wird sich ärgern. Aber schließlich, was geht's mich an? Hei, unser Held Tristan . . . Brangäne zieht den Vorhang wieder zu. Sie hat ein hübsches Kostüm an. Das würde meiner Frau sicher gut stehen. Bei einem Künstlerfest oder so was. Wie lenkt er sicher den Kahn . . . Das hat die Mildenburg von der Klaus-Fränkel aus Prag. Jetzt kommt bald der Liebestrank. Wo er wohl steht? Zu viele Kassetten stehen hier herum. Gut arrangiert. Der Teppich ist von der Prag-Rudniker. Habe ich auch schon verwendet. Für Vorzimmer. Die vielen Polster machen sich auch gut. Sandor Jaray kann's nicht besser machen. Ich sah ihm in die Augen . . . Der wird sich ärgern, daß ihm Roller die Idee vorweggenommen hat: „Damenboudoir im normannischen Stil!!“ Aber welche Kassette enthält den Liebestrank? Aha, also die! Hab' mir's gleich gedacht. Aber wozu ist denn die andere da? . . .

Am Schlusse des Aktes wurde meine Neugier befriedigt. Die Frauen gingen auf die bewußte Kassette los, öffneten sie — die Krone!! Sehr gut. Auf das wäre ich nicht gekommen.

Der Vorhang fiel. Man applaudierte. Und plötzlich fuhr ich auf. Also so, so hast du den Tristan angehört. Ich begann mich zu schämen, zu schämen.

Ich lief hinaus. Nein, so darf man nicht im Tristan sitzen. Ich ging nach Hause.

Ich hatte mir mein Heiligstes genommen.

Ich weiß nicht, ob es anderen ähnlich erging.

Ich war im „faulen Hans“. Während der Zwischenpausen las ich das Textbuch. Es ist nichts Besonderes. Durch fünf Bilder wird der brave Hans von seinen zwei Brüdern hart bedrängt, um endlich als gekrönter Sieger hervorzugehen. Der eine war zu Hofe gegangen, wohl zum Wiener, wo wahrscheinlich seine Zukunft liegt, und wurde Lakai. Der andere aber dachte sich, daß wohl seine Zukunft auf dem Wasser läge, und wurde Matrose. Sie hatten sich getäuscht. Hans suchte und fand seine Kraft in den böhmischen Wäldern und besiegte beide. Sie wurden mit Fug und Recht aus dem Lande gejagt. Aber alle drei hatten eine gemeinsame tschechische Stammutter. Du merkst doch was, lieber Leser?

Das ist nicht viel. Chauvinismus allein kann den Inhalt glücklich nennen. Aber eine geniale Idee blitzt darin. Es ist das dritte Bild. Ich las das Textbuch mit immer wachsenderem Staunen. Hat da Frank Wedekind mitgeholfen? Man denke sich die Situation:

In einer alten mittelalterlichen Stadt ist Trauer eingekehrt. Ein Drache, der das Land verwüstet, verspricht Besserung, wenn man ihm die Königstochter ausliefert. Natürlich willigt sie ein. Aber die Bürger wollen ihr zeigen, wie schwer ihnen der Verlust des geliebten Königskindes wird, und veranstalten ihr zu Ehren ein Trauerfest. Die Stadt wird schwarz austapeziert. Selbst das bekannte kleinste Häuschen hat wenigstens eine schwarze Fahne ausgesteckt.

Das ist 'mal etwas Neues. Eine Idee, in der Kraft und Satire, Satire und Kraft steckt. Und ich freute mich auf dieses Bild. Welch köstliche Verspottung unseres Pompefunebretums! Ich malte mir alles aus. Die Bürger weisen das helle Bier entrüstet zurück und trinken nur Kulmbacher. Und der angekündigte Trauerwalzer der Mädchen in ihren Pompefunebreroßkostümen und der Trauermusikbegleitung! Und der Trauerhof! Natürlich hat sich der König eine Trauerkrone in Jet zugelegt und trägt ein Trauerszepter und einen Trauerreichsapfel. Und die Drachenbraut. Im Trauerbrautkleid. Und den Myrtenkranz trägt sie auf schwarzem Flor. Und —! und — —! und — — —!

Und das alles in einem Ballett!

Aber es kam anders. Man hatte die Sache ernst aufgefaßt. Sehr, sehr ernst.

Schade!

In der Provinz gibt es eine nette Art, Wohltätigkeit zu üben. Die Crême der Gesellschaft führt irgendeine Spieloper oder ein Ballett im Stadttheater auf. So gab man vor Jahren „Die Puppenfee". In Brünn, in Iglau, in Troppau.

Berufskünstler können das besser. Aber es hat einen eigenen Reiz, bekannte Persönlichkeiten singen und tanzen zu sehen.

Auch in Wien hat diese Idee Anklang gefunden. So sah ich neulich eine Operette. Ballettmeisterin Stegsmann, eine Dame, die schon häufig vor solchen Aufgaben stand, wurde eigens aus Brünn verschrieben. Sie hat sich viel Mühe gegeben, den Damen und Herren, die bisher nur im Ballsaale getanzt haben, das Tanzen auf der Bühne beizubringen. Das Publikum, das die Dilettanten wahrscheinlich gut kannte, unterhielt sich bestens.

Richtig, fast hätte ich anzuführen vergessen, wo und was man spielte! Es war im Theater an der Wien und man gab die Operette „Der Toreador".

Ich hoffe, die Provinz wird bald nachfolgen. Es ist zu erwarten, daß dort die Crême der Gesellschaft auch eine solche Vorstellung zuwege bringt. In Brünn, in Iglau, in Troppau.

Gabor Steiner! Ich habe eine Vorliebe für diesen Mann. Wie dankbar können ihm alle Wiener sein! Ohne ihn müßte man schamrot werden, wenn uns ein Fremder im Sommer fragen würde: „Wo soll ich den Abend verbringen?" Er allein rettet in den Sommermonaten den Ruf Wiens als Theaterstadt, als die Stadt der Musik, des Tanzes und der Lebensfreude.

Man sollte glauben, daß sich die Verunglimpfung an diesen Mann nicht heranwagt. Denn Gabor Steiner hat nie für seine Tasche gearbeitet. Wäre er Millionär geworden, so könnte man es verstehen. Aber vielleicht will er's und kann's nicht erreichen? Nein, dieser Mann ist ein unverbesserlicher Idealist. Wie ein aristokratischer Rennstallbesitzer betreibt er sein Venedig. Was er verdient, steckt er sicher wieder hinein. Nicht in seine Tasche.

Ästhetisch genommen, wurde Venedig wohl von Jahr zu Jahr schlechter. Aber dafür kann Gabor Steiner nichts. An der Verelendung unseres Geschmackes haben andere Faktoren gearbeitet. Er kann sich nicht dagegen stemmen. Er hat ja gut begonnen. Das Venedig von damals war sicher kein ästhetisches Heldenstück. Aber die elektrische Stadt war einfach scheußlich. Diese beiden „Venedigs" verhalten sich wie das altdeutsche Büfett Makarts zu dem sezessionistischen Olbrichs.

Gabor Steiner tut viel für Wien. In einer anderen Stadt hätte er schon längst eine Subvention erhalten. Sache des Vereines zur Hebung des Fremdenverkehres wäre es, ihm eine solche von der Stadt zu verschaffen.

* * *

Für nächstes Jahr wurde uns eine Umgestaltung versprochen. Und vor der möchte ich warnen. Sei es, daß dem Manne die Rufe zu dumm wurden, sein Etablissement sei eine Lasterhöhle, seien es vermeintliche Geschäftsrücksichten, er will einen Familienplatz aus Venedig machen. Und da möchte ich ihm den Fall Ostende warnend vor Augen führen. Ostende besaß eine Spielhölle. Die zog die Spieler an. Und die wieder zogen die Kokotten an. Dann wieder aus. Dafür zogen sich besagte Damen umso feiner an.

Diesem Greuel machte der Staat ein Ende. Alle guten Bürger freuten sich. Mag das Gesindel wegbleiben. Die wirklich feinen, vornehmen und reichen Leute werden in umso größeren Scharen an unseren Strand eilen. Denn sicher hat das Gesindel viele abgehalten.

Das Gesindel kam nicht. Aber die vornehmen Leute auch nicht.

Was war geschehen? Wie ist das zu erklären? Sehr einfach. Einmal im Jahre, auf kurze Zeit wenigstens, wollen die in Korrektheit Eingekerkerten wenigstens an die Gitterstäbe treten dürfen, um einen Blick in jenes Land zu werfen, wo man darauf pfeift . . .

Venedig in Wien, die Karnevale in den ehrsamen deutschen Städten, Ostende, Monte Carlo, die Opernredouten, alle diese Stätten und Veranstaltungen sind aus dem tiefen Bedürfnisse entstanden, sich an der Möglichkeit einer freien Lebensauffassung zu berauschen. Für die Quartalsäufer der Lebensfreude!

„Schweige, Rekrut des Lebens!" ruft uns Altenberg in der herrlichen Philippika zugunsten der Prinzessin von Koburg*) zu. Wir schweigen schon. Aber laßt uns doch wenigstens hinsehen!

Ich warne Gabor Steiner.

* * *

Die Musiker werden die Nase rümpfen, wenn ich empfehle, sich Lucie Krall anzuhören. Es ist dies eine Dame, die Töne von einer Höhe singt, die menschliche Stimmbänder bisher noch nicht hervorgebracht haben. Mit Musik hat das allerdings nichts zu tun. Aber die Bewältigung ungeahnter Schwierigkeiten erzeugt eine Freude beim Hörer oder Zuschauer, die auf einem anderen Gebiete als dem der Kunst liegt. Der größte Teil unserer Klavierschlager und Violinstreicher — man bedenke, auf einer Violinsaite — haben auf diesem Gebiete Erfolge geerntet, die fälschlich in das goldene Buch der Musik eingetragen wurden.

Zudem singt die Dame mit einer angenehmen Stimme und ihre hohen Töne haben einen menschlichen Timbre, der ganz eigen berührt. Zum Unterschiede von Koloratursängerinnen, bei denen der Bewunderer begeistert ausruft: Wie eine Hoboe!

Auch Alt-Heidelberg sollten sich die Leute ansehen. Mit einigem Mißtrauen ging ich hinein. Aber die Sache ist köstlich gemacht. Wie unsere erst vierzig Jahre alten Kleiderständer, Stickereien etc. etc. herhalten müssen, „Stil" zu spielen, ist famos. Für eine parodistische, humorvolle Sache ist das wie gerufen. Denn ich hoffe, daß Gabor Steiner dadurch unseren Tapezierern das Handwerk gelegt hat, uns Wohnungen im Stile 1860 einzurichten.

Dagegen war die Barfußtänzerin ein schöner Reinfall. Die bloßen Füße waren ja da. Aber tanzen konnte sie nicht.

Vom Ronacher wurde uns eine Schönheitsgalerie versprochen. Von Schönheit fand ich nichts. Oder mir fehlen für die hyppopopotamusartigen Reize der Drahtseilkünstlerin, auf der das Trikot elefantenhautähnliche Falten zeigt, das richtige Verständnis. Eine Nummer gibt es, wegen der man das ganze Programm in Kauf nehmen kann. Ich will sie nicht nennen, weil ich fürchte, daß, wenn man mir früher davon Wunder erzählt hätte, ich sicher nicht so angenehm überrascht gewesen wäre. Ein Frauenzimmer kommt nicht darin vor. Oder doch — aber sie huscht nur so über die Bühne und hat mit der Nummer nichts zu tun. Überdies ist sie die Hübscheste, die man im Laufe des Abends auf der Bühne sieht.

Sonst wäre noch Modl zu nennen. Hätten sich doch die Herrschaften, die im Theater an der Wien zu ihrem Vergnügen cake walk tanzen, den früher angesehen. Dann hätten sie auch gesehen, daß man das auch zum Vergnügen, ja zum hellen Jubel des ganzen Publikums tun kann. Wenn eine Dame cake walk tanzt, muß man über ihre Grazie entzückt sein, tut es ein Komiker, so muß man aus vollem Halse lachen können. Das Wort cake walk, oder das Bewußtsein des Publikums, die oder der tanzt cake walk, tut's noch nicht. Modl ist ausgezeichnet.

Kolosseum. Es hat sich nichts geändert. Neue Namen von gleicher Couleur. Die Bühne sollte einmal gekehrt werden. Der Vorhang wirbelt immer Staub auf, der einem das Essen bis in die fünfte Tischreihe verunreinigt.

Briefkasten

Regeln für die Fragesteller:

1. **Außer dem vollen Namen ist ein Pseudonym zu wählen, unter welchem die Beantwortung erfolgt.**
2. **Die Fragen sind zu numerieren.**
3. **Die Beantwortung erfolgt nach meinem Ermessen in einer der vier Unterabteilungen.**

Allgemeines

L. T. — Nein, ich habe meine „architektonische" Tätigkeit nicht aufgegeben. Ich werde auch weiterhin Geschäftshaus-, Kaffeehaus- und Wohnungseinrichtungen durchführen. Aber die Art, in der ich arbeite, involviert noch keinen Widerspruch zu dem Geschriebenen in der vorigen Nummer. Sie sind so freundlich, meine bisherige Tätigkeit in Wien als „architektonisch" zu bezeichnen. Das ist sie leider nicht. Wir leben allerdings in einer Zeit, in der sich jeder Tapetenzeichner als Architekt bezeichnet. Das macht ja nichts. In Amerika nennt sich ja auch jeder Heizer Ingenieur (engineer). Aber Wohnungseinrichten hat mit der Architektur nichts zu tun. Ich habe mich damit ernährt, weil ich's kann. Genau so wie ich in Amerika eine Zeitlang mit Geschirrwaschen mein Leben im Körper erhalten habe. Oder folgende Ernährungsweise: Ein

*) De libertate — in „Was der Tag mir zuträgt".

Bauer käme zu mir und sagte: „Ich will in die Stadt ziehen und als Städter leben. Besorgen Sie mir alles. Sie bekommen 10 Prozent des verausgabten Geldes als ‚Architektenhonorar'." Und nun würde ich mit ihm zum Schneider gehen, zum Schuhmacher, zum Hemdenmacher. Stock und Schirm, Taschentuch und Visitière, Visitkarten und Krawattennadel. Fertig. Next.

Fremdenführer für Kulturfremde.

So habe ich Wohnungen eingerichtet, so richte ich Wohnungen ein. Ich gebe Ratschläge. Tapeten? Gehen wir zu Schmidt am Neuen Markt. Wollen Sie gestreifte oder einfärbige? Die gefällt Ihnen? Ich würde zu der raten.

Manche kommen zu mir, weil sie es nicht verstehen, manche, weil sie die Quellen nicht wissen, manche, weil sie keine Zeit haben. Aber ein jeder lebt in seiner eigenen Wohnung nach seiner eigenen Individualität.

Allerdings gemildert durch meine Ratschläge.

R. & F., Kohlmarkt. — Sie bedanken sich für die ehrenvolle Nennung Ihrer Firma in der letzten Nummer, teilen mir mit, daß der Ring einige Tage nicht zu sehen war, weil er verkauft wurde und neu angefertigt wird, und entschuldigen sich deswegen. Sie haben sich nicht bei mir zu bedanken. Ich nannte Ihre Firma nicht, um Ihnen Reklame zu machen, sondern weil ich sie nennen mußte, um meine Ideen zu demonstrieren. Ich muß mich daher bei Ihnen bedanken, weil Sie so zuvorkommend sind, den Ring sofort wieder anzufertigen, um nicht eine Unterbrechung in meinem Demonstrationskursus herbeizuführen. Und dies gilt für alle Objekte, die ich nennen werde. Ich hoffe, daß die genannten Geschäftsleute mich in meinem Bestreben unterstützen und schwer erkennbare Objekte womöglich mit einer Etikette, am besten mit dem auf Karton gespannten Kopf dieses Blattes, versehen werden. Auch wäre ich sehr zum Danke verpflichtet, wenn der eventuelle Käufer gebeten würde, das Objekt bis zum Erscheinen der nächsten Nummer in der Auslage zu lassen.

Deutschnationaler, Laibach. — Ihre Epistel las ich mit immer wachsenderer Heiterkeit, die auch nicht gemindert wurde, als Sie mir drohten, daß mir die „prächtige" Ostdeutsche Rundschau wohl die Zähne zeigen werde. Aber als ich die Unterschrift: Heinrich Wetlach, akadem. Maler, Laibach (eigene Villa), las, da verging mir das Lachen. Also nicht ein gewöhnlicher Mensch, sondern einer, der in einer eigenen Villa wohnt, schrieb das. Ich erforschte mein Gewissen. Ich verspreche, mich zu bessern.

S. S., H. H., Ingenieur M. G., Dr. O. St. — Für Ihre freundlichen Zuschriften sage ich Ihnen meinen besten Dank. H. H. meint, er möchte gerne anfragen, tut es aber nicht. Ich habe daher eine Antwort für ihn unter „Form".

Form

H. H. Ihr Brief beginnt auf der ersten Seite, setzt auf der zweiten Seite des Briefpapieres fort und endet auf der vierten. Aber ich würde Ihnen raten, Briefe in folgender Art zu schreiben: Erste Seite. Dann dreht man das Blatt um — vorausgesetzt ist eine Löschpapierunterlage — und schreibt auf der vierten Seite weiter. Dann schlägt man das Briefpapier auf und beschreibt die zweite. Nun legt man das Papier quer und beschreibt die dritte Seite. So tun es die Engländer und Amerikaner. Praktische Erwägungen (das Abtrocknen fällt dabei weg) haben zu dieser Sitte geführt. Ich lese jeden Brief so und kenne mich daher in den österreichischen Briefen schwer aus.

A. R. — Wenn Sie einen Freund auf der Straße begegnen, der mit einer Ihnen unbekannten Dame geht, haben Sie auch bei großem sozialen Abstande zuerst zu grüßen. Doch dürfen Sie nicht beide grüßen oder, was noch schlechter wäre, den Bekannten allein. Man nimmt den Hut vom Kopfe und blickt geradeaus.

V. G. — Die Dame unter allen Umständen rechts gehen zu lassen, ist ein Unsinn. Im Wagen hat sie wohl rechts zu sitzen. Beim Einsteigen läßt man der Dame den Vortritt und geht eventuell rückwärts um den Wagen herum, um einzusteigen. So hält man es auch mit männlichen Gästen. Aber auf der Straße überläßt man der Dame den besseren Weg. Bei uns kommt es vor, daß Fanatiker der „Ehrenseite" die Dame ruhig in Pfützen steigen lassen, während sie selbst den trockenen Weg gehen, wenn zufällig sich der gute Pfad links befindet. Auf dem Bürgersteige geht man auf der nach dem Fahrdamme zugekehrten Seite.

Versuch. — (1) Obstkerne spuckt man in die hohle Faust, die man vor den Mund hält, und legt sie auf den Teller. (2) Brot und Semmel darf man nie schneiden. Brechen. Auch darf man nicht Brot oder Semmel mit der Gabel aufspießen, um damit die Sauce aufzutunken. Wohl kann man aber ein Stück Brot oder Semmel in die Hand nehmen und die Sauce damit austunken. Aber dazu gehört Geschicklichkeit, Übung und Grazie.

* * *

Kleidung

F. R. — Jawohl, die „N. F. P." hat recht, wenn sie es beanständet, daß die Wiener in Frack und schwarzer Krawatte in die Oper gehen. Eine schwarze Krawatte trägt man nur in demidress, das man in Wien fälschlich Smoking nennt. Aber auch da werden Fehler gemacht. Man kann nämlich eher in Wien einen Mann im „Smoking" mit weißer Krawatte als eine weiße Krawatte zum Frack sehen. Neulich sah ich in der Josefstadt gar folgendes: „Smoking" und färbiges Hemd. Sie werden mir vielleicht einwenden, daß das ein Schuster war. Na, Sie würden sich wundern, wenn Sie den Namen des Mannes hören würden.

* * *

Wohnung

Türaufsätze. — Die Frage nach diesen sowie nach dem Stil derselben könnte ich nur nach dem Schema beantworten: Wo und in welchem Stil soll ich mich tätowieren lassen?

Neugierige G. K. — Es wird schon gehen. Wenn wir die Tischlerei auf derselben Höhe hätten wie unsere Bekleidungsindustrie, dann würde sich der Vorgang bei Anschaffung eines Schrankes vielleicht folgendermaßen abspielen: Wir haben zu viel Kleider. Wir brauchen einen Schrank. Wir gehen daher zum Tischlermeister. „Guten Tag, Herr Meister!" „Guten Tag, meine Herrschaften! Was verschafft mir das Vergnügen?" „Wir brauchen einen Schrank. In unserem Schlafzimmer haben wir an einer Wand noch 1·60 *m* Raum. Wie viel Türen könnte der Schrank haben?" „Dann könnte er drei Türen haben. Wollen Sie ihn zum Hängen oder Legen? Haben Sie Kleider oder Wäsche unterzubringen?" „Beides. Wir denken, zwei Türen zum Hängen und eine Türe für die Wäsche." „Dann rate ich Ihnen, die Bretter für die Wäsche ausziehbar zu machen, weil man sonst schlecht dazu kommt." „Ganz gut — aber ist das nicht teuerer?" „Etwas. Aber die Differenz ist zu unbedeutend. Wie hoch soll der Kasten sein?" „Was raten Sie uns?" „Wir machen gegenwärtig die Schränke zwei Meter hoch. Da haben Sie über den Kleiderhaken noch genügend Raum für Hutschachteln." „Ach ja, den brauchen wir dringend. Und nun das Wichtigste: der Kostenpunkt." „Das kommt auf das Material, die Ausführung und das Futter an." „Wie meinen Sie das, Meister?" „Nun, ob Sie ihn in Eiche oder Palisanderholz, matt oder poliert, innen wie außen oder in billigerer Art fourniert haben wollen." „Können wir Holzproben sehen?" „Gewiß, hier sind sie." „Ich sehe nur Naturhölzer. Ich dachte mir etwas wie grün oder violett gebeizt." „Das war einmal, gnädige Frau, als sich die Leute noch sezessionistisch einrichteten. Das ist nun längst vorbei. Die Leute, die so unglücklich waren, das zu tun, schämen sich jetzt dieser Möbel und suchen sie so schnell als möglich loszuwerden. Gegenwärtig empfindet man es als Brutalität, edles Mahagoni oder Palisanderholz grün zu beizen. Und auch für das einfache Ahornholz beginnt man Verständnis zu gewinnen. In dieser schrecklichen Zeit, die wir nun glücklich hinter uns haben, wurden sogar Lederkoffer grün oder violett gebeizt. Die unglücklichen Besitzer solcher Geschmacklosigkeiten schämen sich heute vor dem Gepäcksträger und lassen sie zu Hause. Damals waren sie fein heraus. Die halbe Presse deckte ihnen den Rücken und man mußte das Maul halten, wollte man nicht als Feind der Kunst und des Fortschrittes verschrien werden." „Sie haben recht, Meister! Ein Schrank soll doch mindestens so lange halten, als ein Koffer." „Das denke ich auch. Meine Arbeit ist teuer, aber gut. In diesem Holze kostet der Schrank ohne Beschläge so und so viel, in diesem soviel." „Wir wählen dieses Holz, außen und innen gleich." „Ich werde Ihnen morgen einen Kostenanschlag senden. Ich hoffe, er wird Sie zufriedenstellen." „Das hoffen wir auch. Auf Wiedersehen, Meister!" „Ich empfehle mich Ihnen, meine Herrschaften!"

Sie sehen, über den Stil wurde nicht gesprochen. Man meinte stillschweigend den Stil vom Oktober 1903. Sowie man auch noch nie einen Frack im Renaissancestil bestellt hat. Und warum soll der Gegenstand, in dem man ihn aufzubewahren gedenkt, anders behandelt werden als der Gegenstand, der aufbewahrt wird?

R. K., Opernring. — Die Tapete ist ganz vorzüglich. Das Zimmer muß, den eingesendeten Stoffproben nach, ganz reizend aussehen. Nur mit dem Überzug der beiden grünen Fauteuils bin ich nicht ganz einverstanden. Die Farbe ist gut. Aber das Muster ist etwas — na, sagen wir zu unaristokratisch. Das werden Sie ja bald selbst sehen, wenn sich die sezessionistische Hochflut etwas verlaufen haben wird.

M. S. — Sie schreiben mir einen langen, resignierten Brief, den ich im Auszug wiedergeben will. Also: „Wenn ich Sie recht verstehe, wollen Sie der Sezession den Garaus machen und einen neuen Stil einführen. Dreißig Jahre bin ich jetzt verheiratet. Dreimal mußte ich eine Neueinrichtung über mich ergehen lassen. Ich weiß schon, was Sie sagen wollen. Diesmal wird's das Richtige. Diesmal wird's ewig währen. Aber das hat man mir immer gesagt. Nach der deutschen

Renaissance, nach dem Barock, nach dem Empire. Die Sezession haben wir glücklich übersprungen. Aber das kenne ich.“ Darauf antworte ich: Sehen Sie, das hätten Sie sich ersparen können. Sie hätten sich gleich modern einrichten sollen. Dadurch hätten Sie immer modern und bequem gewohnt. Wohl hätte die Wohnung vom Jahre 1873 keine Ähnlichkeit mit der von heute gehabt. Aber die Hauptmöbel wären geblieben. Anders gestellt, anders in dem Zimmer verteilt. Neue Erfindungen hätten es ermöglicht. Das elektrische Licht, die Möglichkeit, an allen Punkten eine Lichtquelle zu schaffen, hätte allein schon in der Aufstellung Ihrer Möbel eine Revolution hervorgerufen. Vieles wird zerschlagen und neu ersetzt. Vieles neu angeschafft. Geschenke, Erinnerungen von der Reise, Bilder, Bücher und Bildhauerwerke, die Gasheizung, alles, alles hätte geholfen, gearbeitet, miniert und an ihrer Wohnung gesprengt. Man vergrößert sich, man kommt in die Höhe, stellt größere Anforderungen an das Leben. Die alten Möbel vom Jahre 1873 hätten sich ganz gut mit den jungen Sprossen vom Jahre 1903 vertragen. Wie sich in einem alten Schlosse die Möbel vom Jahre 1673 mit den Möbeln vom Jahre 1703 vertragen haben. Ihre Wohnung hätte ein Spiegelbild Ihres Wollen und Werdens geboten. Sie hätten eine Wohnung, die niemand anderer besitzen kann als nur Sie, nur Sie allein. Sie hätten Ihre Wohnung gehabt. Aber fangen Sie nur an, an Ihrer Wohnung zu arbeiten. Es ist nie zu spät. Sie haben Kinder. Die werden es Ihnen danken.

H. B. — Ihre Anfrage kam anonym. Ich verweise Sie auf den Kopf des Briefkastens, aus dem Sie ersehen können, daß Name und Adresse in Zukunft nötig sind. Für diesmal beantworte ich die Fragen gern. 1. Um 250—300 fl. kann man nicht die Einrichtung für ein Herrenzimmer kaufen, das zugleich solid, einfach und geschmackvoll ist. Aber für dieses Geld kann man wohl einen Teil davon erstehen, der diesen Anforderungen entspricht. Ich hoffe, Sie meinen nur die Kastentischlerarbeit ohne Sitzmöbel, Beleuchtungskörper, Tapeten, Teppiche, Anstrich etc. Also Schreibtisch, Bücherstellen, Kästchen. Weiches Holz, braunschwarz gebeizt, wäre wohl das Billigste. Besser wäre schon Eschenholz. Wenden Sie sich an einen Tischlermeister, der Ihnen als vertrauenswürdig bekannt ist — der Billigste wird er wohl nicht sein — zeigen Sie ihm das Zimmer und besprechen Sie mit ihm die Aufstellung der Möbel. Dann lassen Sie sich Zeichnungen von ihm machen. Sagen Sie ihm: Keine Gesimse, keine Abfasungen. Senden Sie mir die Zeichnungen und den Zimmergrundriß ein. Ich werde es korrigieren. 2. Eine solche Gesellschaft gibt es Gott sei Dank bei uns noch nicht. Das fehlte uns noch, daß sich die Sezession auf Aktien etabliert. Sie hat einzeln schon genug geschadet. 3. Glattes braunes Linoleum ohne jedes Muster ist sehr empfehlenswert. Man klebt das Linoleum über die ganze Schreibtischplatte, die vorerst an der Kante glatt gehobelt werden muß, also kein Profil haben darf. Dann läßt man einen zwei Millimeter starken und Dicke des Brettes plus Dicke des Linoleums breiten Messingstreifen (poliert) anschrauben, der nun die Kante bildet. Die Köpfe der Messingschrauben müssen mit dem Streifen eben liegen. Eine Galerie fällt natürlich weg.

Unsere Tischlerkonkurrenz.

Die Ausstellung der Objekte findet in der Galerie Miethke statt.

Die Verkaufspreise werden von folgenden Herren bestimmt:

Als Vertreter der Großindustrie: Herr Max Schmidt, Chef der Firma F. O. Schmidt.

Als Vertreter des Kleingewerbes: Herr Josef Kropfreuther, Tischlermeister, VII. Siebenbrunngasse 17, und

Adolf Loos.

* * *

Damit man bezüglich der Aufstellung nicht im unklaren ist, werden jene Herren, welche sich an diesem Ausschreiben beteiligen, gebeten, eine, wenn auch anonyme Mitteilung an den Verlag zu senden.

Adolf Loos.

Insertionspreise: **EINMALIGE EINSCHALTUNG:** „KUNST“ Umschlagseite 200 Kronen. — „KUNST“ und Beilage „DAS ANDERE“ 150 Kronen. — Separatabdruck „DAS ANDERE“ 100 Kronen. — Kleinere Inserate dem Raume entsprechend.

Haltet den Dieb!

DER DIEB

EINE REVUE DES WELTHUMORS

ist soeben erschienen

Abonnement: Ganzjährig 5 Kronen
Einzelne Nummern 10 Heller
DER DIEB erscheint jeden Montag

VERLAG „KUNST“
WIEN, I. MARC AURELSTRASSE 6

DAS ANDERE

ERSCHEINT ALLE 14 TAGE

EINZELN IN ALLEN TRAFIKEN 20 h

JAHRES-ABONNEMENT (24 Hefte)
IN ALLEN BUCHHANDLUNGEN
4 KRONEN

GALERIE MIETHKE

I. DOROTHEERSTRASSE 11

GEÖFFNET TÄGLICH
VON 9—6
EINTRITT 60 HELLER

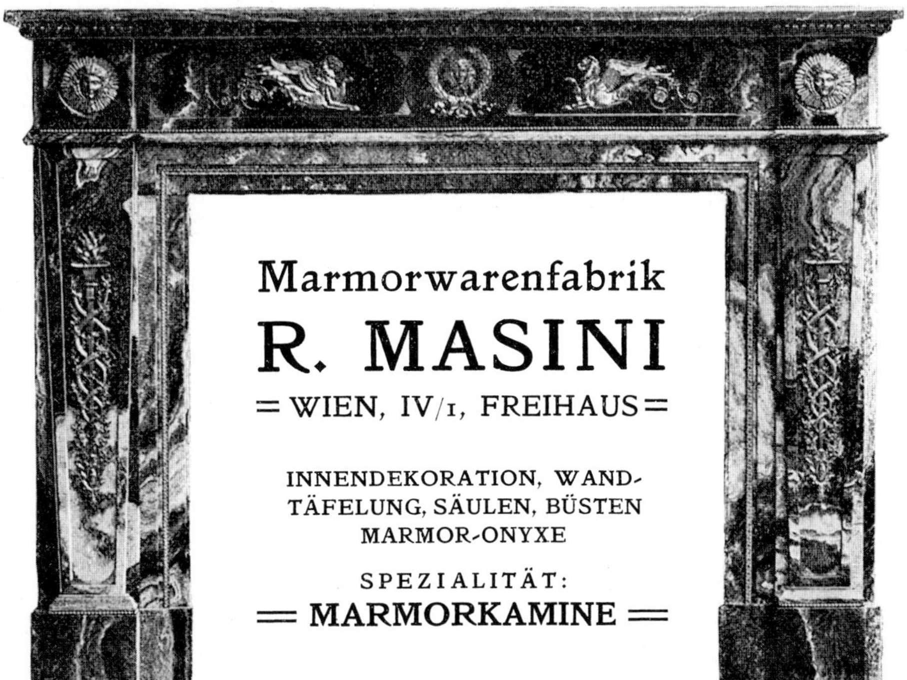

DAS ANDERE Reprint 2016
ISBN: 978-3-03778-481-5

Verlag „KUNST“, Wien, I. Marc Aurelstraße 6. — Verantwortlich Adolf Loos. — Wilhelm Fischers Buchdruckerei.

WIEN 1903

DAS ANDERE

EIN BLATT ZUR EINFUEHRUNG ABENDLAENDISCHER KULTUR IN OESTERREICH: GESCHRIEBEN VON ADOLF LOOS   1. JAHR

VIENNA 1903

THE OTHER

A JOURNAL FOR THE INTRODUCTION OF WESTERN CULTURE INTO AUSTRIA: WRITTEN BY ADOLF LOOS   YEAR 1

Edited by Beatriz Colomina
With Kimberli Meyer

REPRINT 2016

MAK Center for Art and Architecture

LARS MÜLLER PUBLISHERS

Vorwort

Wir alle gehen jeden Tag eine ästhetische Beziehung mit der uns umgebenden Welt ein. Jede Handlung im Rahmen der Hausarbeit erfüllt die Kriterien: Selbst wenn wir etwas nur weglegen – oder zur Schau stellen –, verbindet uns dies mit den ästhetischen Aspekten unserer Umgebung. Der Schlüssel für ein kunstgemässes Leben liegt darin, analytisch, künstlerisch und intellektuell auf das Alltagsleben zu reagieren. Zu Beginn des vorigen Jahrhunderts glaubte der in Wien tätige Architekt Adolf Loos, dass die Österreicher zum Thema des stilvollen Lebens Beratung benötigten. Er nahm sich des Problems an und veröffentlichte *Das Andere,* eine Beilage zur Zeitschrift *Kunst*. Er verwendete die Publikation als Podium, von dem aus er dem zeitgenössischen Publikum erklärte, wie ein angemessenes Auftreten im modernen Leben auszusehen habe – wie man sich zu kleiden, seine Kleidung aufzubewahren und seine Kinder zu erziehen habe, um nur einige der zahlreichen Themen zu nennen. Eine entsprechende Erzählstruktur könnte man heute in Blogs finden, mit Überschriften wie: «Wir gehörten dem letzten Jahrhundert an, bis die Amerikaner uns aufklärten», «Lasst uns über Homosexualität und Heimlichkeit reden» oder «Lasst euren Mädchen und Jungen alle Freiheiten».

Der Titel *Das Andere* suggeriert eine gewisse Nähe zur Homosexualität: In jener Zeit nutzte man die Wendung «vom anderen Ufer» zur Bezeichnung von Schwulen und Lesben. Verbreitet war damals auch die Zeitschrift *Der Eigene,* die sich an Homosexuelle wendete. Die Vermittlung des Alltagslebens umfasst viele Bereiche und so manchen Subtext.

Wir Abendländer des 21. Jahrhunderts stürzen uns auf Ratgeberrubriken und ziehen nur zu gern die Ratschläge von Lifestyle-Experten, Gesundheitsaposteln und Händlern in Betracht. Wir glauben an den hohen Genusswert in der Ausübung des Alltagslebens und suchen danach in Mode, Mobiliar, Inneneinrichtungen, Landschaften und Fahrzeugdesign, in Kulinarik, Gartengestaltung und darstellenden Künsten, in Sport, Spielen und Freizeitbeschäftigungen sowie einem wachsenden Angebot an elektronischen Geräten. In mancher Hinsicht kann die Architektur als Grande Dame all dieser Bereiche angesehen werden. Sie reicht von persönlicher Poetik zu urbaner Symbolik und umfasst und verbindet Myriaden anderer Formen.

Die vorliegende Publikation beinhaltet einen vollständigen, unveränderten Nachdruck der beiden Hefte von Loos' Schrift *Das Andere,* die ursprünglich 1903 veröffentlicht wurden. Hinzu kommen eine Übersetzung ins Englische – einschliesslich der Annoncen – und eine Einführung von Beatriz Colomina. Unsere Faksimiles haben 98 Prozent der Originalgrösse. Diese Veränderung des Designs wurde vorgenommen, um die optische Verschmelzung von Reprint und Original zu vermeiden.

Unser besonderer Dank geht an Beatriz Colomina für das Publikationskonzept und die aufschlussreiche Einordnung der loosschen Schrift, an Lars Müller Publishers für die Mitherausgabe des Buches im Rahmen der Reprintreihe *XX The Century of Print* sowie an die Graham Foundation und die Los Angeles County Arts Commission für ihre finanzielle Unterstützung.

Kimberli Meyer, Direktorin des MAK Center for Art and Architecture, im Schindler House in Los Angeles

Foreword

Every single day, each and every one of us conducts an aesthetic relationship with our surrounding world. Every act of housework qualifies: merely putting something away—or on display—engages us with the aesthetic realm of our environment. The key to artful living is to respond analytically, artistically, and intellectually to everyday life. In Vienna at the turn of the previous century, architect Adolf Loos believed the Austrian people could use some good advice on the subject of artful living. He stepped into the breach by publishing *Das Andere* (The Other) as a supplement to the art magazine *Kunst*. Loos uses *Das Andere* as a platform from which to profess to his contemporary public how to behave appropriately in modern life—how to dress, store clothes, and raise kids, to name but a few of the many topics. Today, the equivalent narrative structure might be a blog, with headlines like: We Were So Last Century until the Americans Enlightened Us; Let's Talk about the Closet; and Let Your Boys and Girls Roam Free.

The title *Das Andere* suggests a queer affinity: at the time, the German phrase for gay and lesbian was "vom anderen Ufer," which means "from the other bank of the river." In circulation at the time was the German-language gay magazine *Der Eigene*, which translates as His Own or The Unique. The mediation of everyday life encompasses many sectors and subtexts.

We twenty-first-century Westerners embrace the advice column and love to consider guidance from arbiters of taste as well as guardians of health and purveyors of products. We believe in high pleasure in the practice of everyday life and seek it out in fashion, furniture, interior, landscape, and transportation design; culinary, horticultural, and performing arts; athletics, games, and recreation; and in a bourgeoning array of electronic devices. In some ways, architecture is the grande dame of them all; it scales from personal poetic to urban symbolic, containing and connecting myriad other forms.

In this publication, we reprint in their entirety the two volumes of Loos's *Das Andere*, which were originally published in 1903. We also include an English translation of the texts, including advertisements, and an introduction by Beatriz Colomina. Our facsimiles of *Das Andere* are scaled at 98 percent of their original size, a design decision meant to avoid conflating the reprint with the original.

Special thanks go to Beatriz Colomina for the publication concept and insightful framing of *Das Andere*; to Lars Müller Publishers for copublishing as part of its reprint series *XX The Century of Print;* and to the Graham Foundation and the Los Angeles County Arts Commission for their financial support.

Kimberli Meyer, director of the MAK Center for Art and Architecture, Los Angeles, at the Schindler House

ADOLF LOOS AND THE MAN WITH THE MODERN NERVES

Beatriz Colomina

Why would Adolf Loos, one of the most influential architectural theorists and designers of the twentieth century, produce two 14-page supplements to an art magazine in which neither art nor architecture appears?

Everything else is there: food, clothing, sex, saddle chairs, wallpaper, masturbation, shoes, hallmarks, furnishing, silverware, music, theater, street decorations, flagpoles, vaudeville, etiquette, table manners, interior decoration, death, suicide, children, public morality, toilet paper, craftsmanship, hairdressers, taste, shop portals, syphilis, newspaper boys, the family, the police, cooking, posters, pornography, Tristan and Isolde, gambling, cocottes.

What is it that could contain all these things in such a compact package? What is it that links all of these seemingly disparate subjects?

Das Andere: Ein Blatt zur Einfuehrung Abendlaendischer Kultur in Oesterreich (The Other: A Journal for the Introduction of Western Culture into Austria) was a small journal written entirely by Adolf Loos and published in Vienna in 1903 as a supplement to the new magazine *Kunst – Halbmonatsschrift für Kunst und alles Andere* (Art, Biweekly Magazine for Art and All the Other) fig. 1, which was edited by Peter Altenberg, a close friend of Adolf Loos and Karl Kraus. In early photographs of Loos's Kärntner Bar (American Bar) in Vienna, one can already see the portrait of Altenberg by Gustav Jagerspacher occupying the most prominent place and presiding over the room fig. 2.

But what is this "other" that Loos never names? Note that "the other" is already in the subtitle of *Kunst*, providing a first possible interpretation. Is *Das Andere* the other in the subtitle of *Kunst*? *Kunst*'s motto was "Natura Artis Magistra" (Nature Is the Teacher of Art). In the first editorial note, Altenberg writes: "Art is art and life is life, but a life lived artistically is living art! We strive to marry art, this exceptional thing, with everyday life." Yet Loos was famously opposed to the mingling of art and everyday life. As he wrote in one of his best-known essays, "Architecture" (1910): "Everything that serves a purpose should be excluded from the realms of art."[1] Between art and life there was no possible bridge. Loos was a philosopher of the everyday. It was his nemesis, the Viennese Secession group, that tried to turn everyday gestures into an artwork. There is no everyday in the Secession.

Despite Altenberg and Loos's deep, lifelong friendship, the editorial of *Kunst* already reveals their irreconcilable ideological differences. Perhaps this is why *Das Andere* needed its own space within *Kunst*, its own heading, its own editor, its own typography, and even its own form of editorial advertising. No actual ads were published in *Das Andere*, but Loos singled out products and companies he admired, designing and publishing free advertisements for them in his journal to create the right atmosphere and advising readers and the companies that nobody had paid or should pay for such publicity. A grid of unsolicited advertisements even formed the cover, defining the line between *Kunst* and its supplement. The hypothetical reader enters the scene as a crafted figure within the advertising images, in the right clothes or underwear, surrounded by the right objects, furniture, and wallpaper. With *Das Andere*, Loos very carefully constructs an interior, a space in which he discusses everyday life in his own way. This space has an architecture. It has been crafted like a piece of furniture. Loos's mode is storytelling. A chain of short stories, anecdotes, imaginary dialogues, theater criticism, food recipes, competitions for craftsmen, correspondence with readers, etc., act as parables outlining a code of appropriate

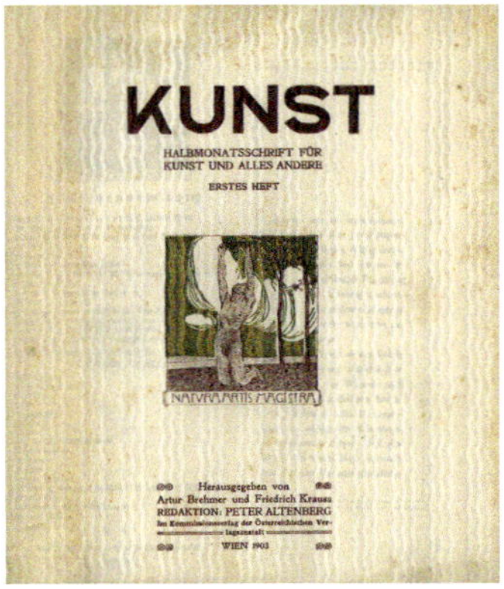

1

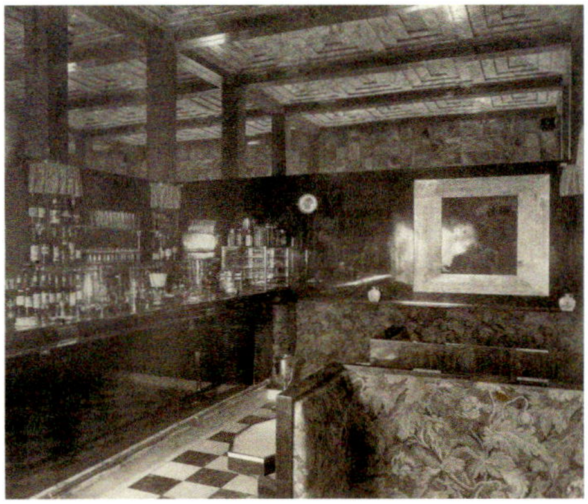

2

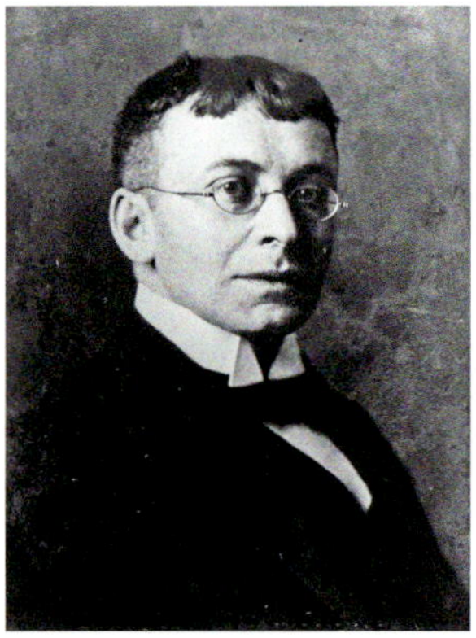

3

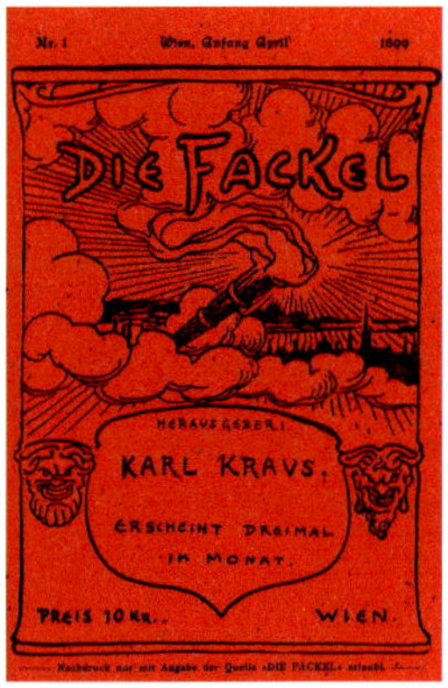

4

conduct in modern life. The reader is instructed by a witty observer who has traveled the world and has clear opinions about everything and is judgmental without being patronizing. He is like a sophisticated companion who offers advice on the widest possible range of ordinary questions. From how to use a salt spoon to how to dress in the modern fashion, which side to take on the sidewalk when accompanying a lady, how to prepare eggplant, how to write a letter, how to greet a friend in the street who is accompanied by an unknown female acquaintance, how to break a bread roll at the table, and how to spit fruit seeds.

All these little pieces of emphatic yet friendly advice overlap and add up to a full-scale assault on contemporary Austrian society, its hypocritical morality, pretensions, police intrusions, and the lack of manners, criteria, taste, etc. The reader—unmistakably male—is invited to live differently than those around him. The effect is that of a manifesto. Loos's ultimate goal is to carve out and defend a space for private life in the face of countless assaults on the individual. Like his close friend Karl Kraus **fig. 3**, whose *Die Fackel* **fig. 4** was a crucial inspiration for *Das Andere*, Loos never writes without implicating the reader. The reader is treated as an insider already, as if he were sitting with Loos in a small bar. Loos is on the other side of the table telling wonderfully entertaining stories with a moral implied in each. And like in a bar, the reader is not at home, in the space of secrets, nor in the anonymous space of the street, but in a space that has been carved out of the public in which to receive private advice about public behavior. *Das Andere* itself is such a space, at the back of *Kunst*, like a backroom in a bar.

Most of Loos's stories in *Das Andere* are autobiographical, starting with the first one about his trip to America, which begins with the laconic line: "My uncle is a watchmaker in Philadelphia."[2] Without revealing secrets, Loos teaches the reader what to do by talking about his own experiences. A trust is built up or assumed in the mode of the autobiographical, his willingness to tell his stories, and our willingness to listen. In that, he is again close to his friend Karl Kraus, who, according to Walter Benjamin, "never offered an argument that had not engaged his whole persona. Thus he embodies the secret of authority: never to disappoint."[3] Loos constructed his unambiguous authority by speaking in the first person and without a trace of doubt, as if doubt had never occurred to him. For Loos, the outside world appears fully articulate about its condition. Everything is crystal clear. Even, if not especially, when talking about the need to keep the private private.

In all these ways, *Das Andere* is not the other in the title of *Kunst und alles Andere*, but the other of *Kunst,* even if *Kunst* is also a magazine of stories, anecdotes, curiosities, and café talk. *Kunst*'s literary form is the feuilleton. The genre came originally from supplements to political French newspapers dedicated to everything but politics, to the other: entertainment, gossip, literature, and art criticism. Aside from rather conventional artwork, one can see in *Kunst* such things as photographs of the hands of a woman alongside a poem by Peter Altenberg extolling their beauty **fig. 5**, and photographs of women on transparent colored tissue paper, such as of Kete Parsenow (an actress who had been courted by both Altenberg and Kraus and who also enthralled Loos) **fig. 6** and Annie Kalmar, another aspiring actress "discovered" by Kraus, who described her as the most beautiful amongst all **fig. 7**. Smitten, Kraus managed to find Kalmar a part in a play in Hamburg, but she died of tuberculosis before the performance, at the age of 23, Kraus had paid for her medical care and sanatorium stay and was so devastated by her death that he stopped *Die Fackel* for three months. In *Kunst* 1, two years after her death, Altenberg wrote under her portrait:

> Annie Kalmar—IDEAL EPITAPH
> Like the noblest paradigm of the actual plans of the Creator for his masterpiece called "woman," you were sent into this VALLEY OF INADEQUACIES, Annie Kalmar! ...
> So then, the Creator retracted his most majestic paradigm and kept it for himself, since it was wasted on humankind.

The representation of images on colored rice paper is typical of art books at the turn of the century, but in *Kunst* it is

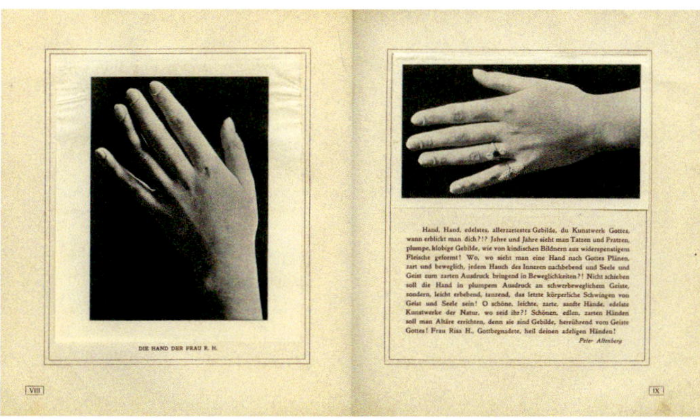

5

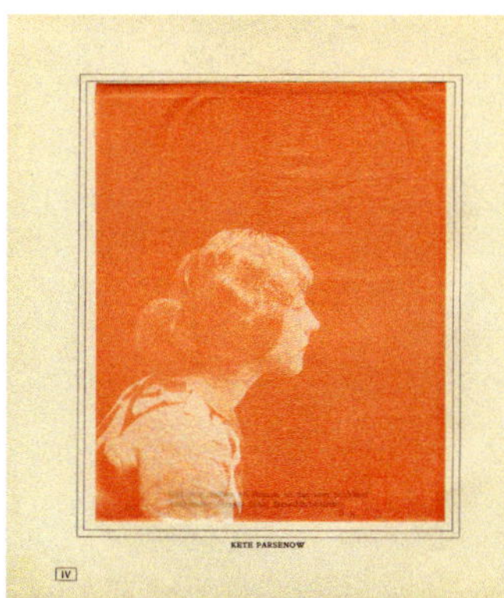

6

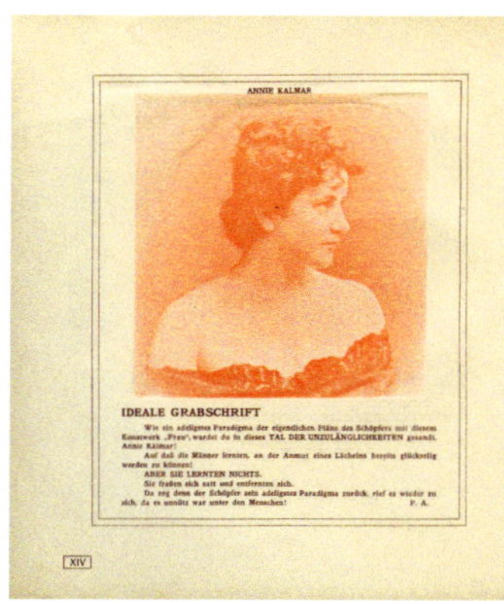

7

symptomatically used to reproduce images of women whom Altenberg knew and worshipped. The images are a form of worship. The photographs are typographically framed, treated as paintings. There is an air of fetishism, reinforced in many of the advertisements in the magazine, featuring hands and feet **fig. 8**. Not by chance, Altenberg's very first examples of what *Kunst* is interested in—his paradigm of the intersection of art and life—are the hands of a woman. As he puts it in the editorial of the first issue: "The hands of Lady R. H. are a divine work of Art. We present their photographs." And inside, alongside the photographs, he writes an ecstatic poem: "Oh beautiful, light, delicate, soft hands, Nature's most noble works of art, where are you?!"

Two pages after these disembodied hands are celebrated in *Kunst* 1, two remarkable photographs appear on facing pages **figs. 9, 10**. They reveal the all-white, fur- and cloth-lined bedroom that Loos made for his young wife, Lina, whom Altenberg had also pursued. In fact, Loos met Lina through Altenberg when she was 16. The two photographs in *Kunst* are the only publication of Lina's bedroom. Loos never published his own apartment, considering it private. The first monograph of his work by Heinrich Kulka, published in 1931, two years before Loos's death, includes only an image of the fireplace nook to represent the project. Yet here, in the pages of *Kunst*, Lina's bedroom, the most private of the private, is exposed in all its fetishistic intensity. The title of the first image is "ADOLF LOOS: THE BEDROOM OF MY WIFE." Loos is the author of the room and of its publication. The second image repeats the title in larger type: "ADOLF LOOS: THE BEDROOM OF MY WIFE."

And then adds:

> WHITEWASH
> WHITE CURTAINS
> WHITE ANGORA SHEEPSKIN

It is as if the whiteness were more polemical than the softness. Or the softness a form of whiteness, as in a cloud. The room polemically blurs the distinction between floor, bed, wall, and window, to create a continuous bag, an envelope of softness and sensuality. But it is resolutely empty. There is no trace of a person or an activity. No secret is revealed. Yet it remains striking that this one exposure of the bedroom occurs here, in the first issue of *Kunst*, before we even encounter *Das Andere*, as if the bedroom of a woman were itself a theatrical space and Lina's involvement in the theater would justify the exposure of the bedroom alongside the naked white hands and framed photographs of other actresses in soft translucent tissue.

Whatever *Das Andere* is, it is other to all of this. The fact that Loos was involved in both the publication of his wife's bedroom and the supplement bears witness to the contradictions between what he says and what he does. As Loos later put it to his last wife, Claire Beck Loos: "The bed, Lerle, the bedroom is the most sacred, most private matter, no stranger should be allowed to profane this sanctuary [...]"[4] But the exposure of the bedroom in *Kunst* is not an accident or error. It shows up the internal complications in Loos's argument. Paradoxically, something from the most private sphere has to be made public before one can demand that certain things be kept private. Loos shows the private in *Kunst* and then withdraws it in *Das Andere*. *Das Andere* is tied to *Kunst* even as it turns away from it. A supplement is never simply added to what it supplements. It grows out of it and away from it, as if challenging the host from within. *Das Andere* is dependent on *Kunst* and on Altenberg even as it implicitly critiques what Altenberg is doing. In a complex dance, *Das Andere* even advertises *Kunst* in the moment of adding itself to *Kunst*, and *Kunst* will advertise *Das Andere* even after it has broken away **fig. 11**.

Kunst was written almost entirely by Altenberg, in the same way that Loos wrote *Das Andere* and Karl Kraus wrote *Die Fackel*.[5] Six issues of *Kunst* appeared, but only two issues of *Das Andere* were published. The first *Das Andere* was part of *Kunst* 1 (October 1, 1903), but could also be bought separately. The second appeared only as a separate journal, on October 15, 1903. Loos apparently worked on a third issue but it never came out. In *Kunst* 3, a *Das Andere* supplement appears again, with the same typography as Loos's but with the title now in red and

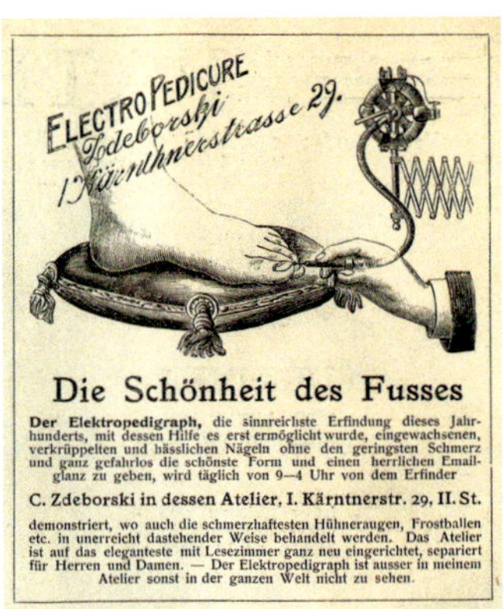

8

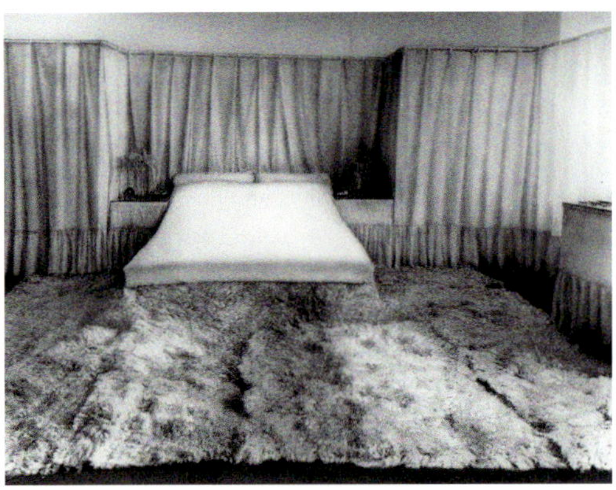

9

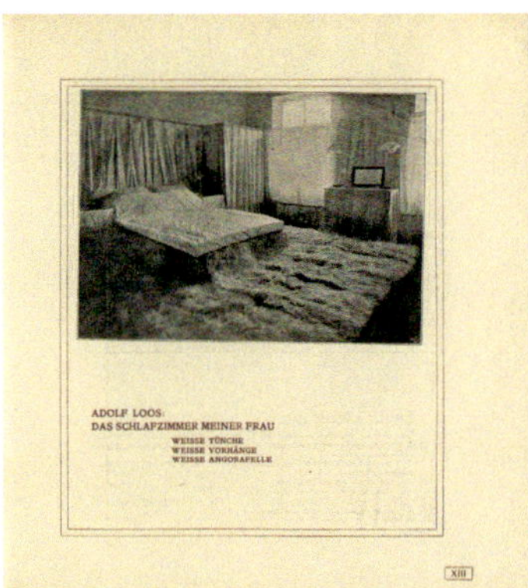

10

a new subtitle: *Eine Beilage zur "Kunst"* **fig. 12**. The cover of this new supplement consists entirely of "advertisements," as did the two issues that Loos had edited before. In *Kunst* 4, Altenberg wrote a note informing readers that "Adolf Loos has left the editorial staff of *Das Andere* and is publishing his own journal. He calls it *Das Leben,* and with it he will strike out on his own and try to bring his understanding of Western culture to Austria. *Das Andere*, the supplement to *Kunst,* will undergo a shift in its style and format. It will be more of a literary complement to *Kunst,* while *Kunst* itself will see further development and expansion."[6]

Loos had indeed tried to continue the publication of *Das Andere* under the new title *Das Leben* (Life), but preserving the subtitle: A Journal for the Introduction of Western Culture into Austria. But, again, why would an architect dedicate himself to such an endeavor? The question seems to have occurred to Loos himself. On the ending of *Das Andere* as a supplement to *Kunst,* perhaps due to the provocative subtitle, he pushed forward with *Das Leben*. Announcing his intentions in Maximilian Harden's Berlin journal *Die Zukunft* (The Future) in 1904, Loos states that he will do this only for a year: "I am an architect," he exclaims, and he finds this "marginal" occupation "exhausting."

Why does he do it then?

According to Loos, the objective is "to facilitate my professional work":

> I intend to edit the journal only for a year. My profession—I am an architect—doesn't allow me to dedicate year after year to a second occupation as absorbing as writing a journal of this type. I also believe I can say everything I have to say in this year's 24 issues. The objective of the journal is to facilitate my professional work. I furnish homes. I can do this only for people who possess Western culture. I was so happy to be able to live in America for three years and learn about the many forms of Western culture. Because I am convinced of their superiority, I consider it a lack of character to descend—subjectively speaking—to the Austrian level. This involves battles. And in these battles I am alone. The high aristocracy—till now the only importer of forms of Western culture—no longer has any influence, because the Estate, the administration of instruction, is following a direction that does not create art forms inspired by forms of life, but pretends to create new forms of life with the help of art forms. The public found it difficult to grasp Western culture due to the wall erected by the Secession between the aristocracy and common people. The objective of my journal is to open gaps in that wall.[7]

In other words, Loos needs to design his clients before he designs for them. And designing the client is all about everyday life and the codes of appropriate conduct in every situation. Architecture is secondary to life, supporting life. It comes only through life.

Loos's original long list of possible titles for the journal, drawn as a kind of sketch, already captures its philosophy, its quest for "the" protocols of conduct. It reads like a polemical manifesto in its own right:

THE OUTER	THE CORRECT
THE EXTERNAL	THE SECURE
THE REAL	THE RELIABLE
THE RIGHT	SHOULD
CULTURE	
ADOLF LOOS	THE PERSONAL
THE NECESSARY	
THE WEST	THE ESSENTIAL
THE MENTOR	THE MIND
THE PERSONAL	HORSSENS
STRAIGHT	THE SEED
THE RIGHT	THE OUTSIDER

fig. 13

Loos even inserts his own name in the middle of the list, as if he, too, could embody and represent the ambitions of modern culture. There could be no limit to what the journal would discuss, as the protocol of every dimension of modern life needed to be clarified. But all these dimensions would intersect with Loos's own life. Loos saw himself in others, as Richard Neutra

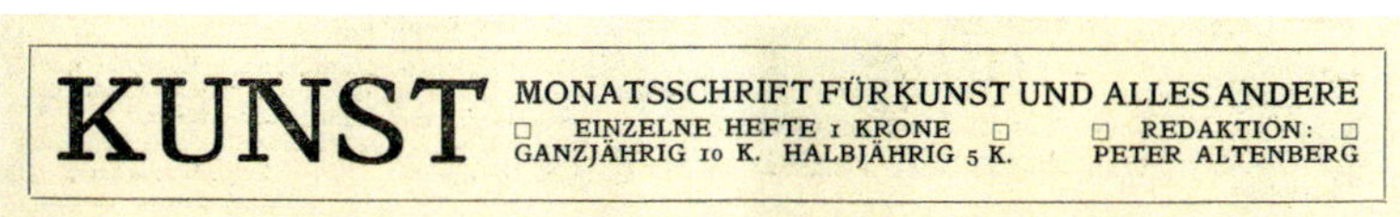

11

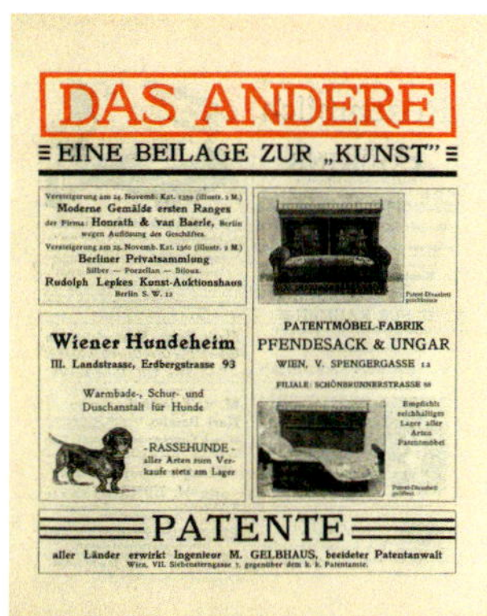

12

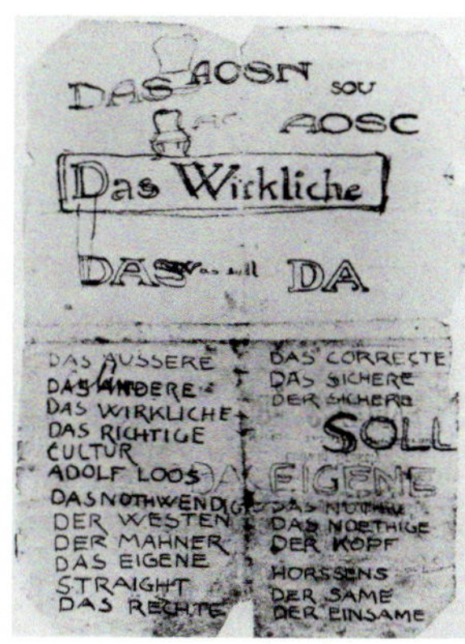

13

would point out decades later: "Loos had given Neutra an X-ray vision, penetrating behind grimy surfaces and rags into human souls, above all his own. He was a human being who could feel himself into other human beings."[8] He felt, and understood, the challenge of finding the right way to survive in a rapidly changing world. The search for the right protocols could not have been more personal.

FASHION

The most striking thing about the opening article of *Das Andere* is Loos's attention to clothing, to fashion. But what is behind this interest? How does he come to fashion as a relevant topic? The fascination was already manifest in an earlier series of articles he published in the newspaper *Neue Freie Presse* between 1897 and 1900, upon his return from America.[9] Some studies of nineteenth-century culture have noted a shift of attention around 1890 from the dwelling (first need after food) to clothing. This shift has to do with the emergence of metropolitan life and the abandonment of traditional, rooted culture in the anonymity of the big city. In "Die Grossstadt und das Geistesleben" (The Metropolis and Mental Life) of 1903, the same year of *Das Andere*, Georg Simmel wrote: "The deepest problems of modern life flow from the attempt of the individual to maintain the independence and individuality of his existence against the sovereign powers of society, against the weight of the historical heritage and the external culture and technique of life. This antagonism represents the most modern form of the conflict which primitive man must carry on with nature for his own bodily existence."[10] The city itself becomes the new nature from which shelter must be taken. Clothing was able to offer shelter to the modern city dweller in a way that buildings could not. Or clothing becomes the first form of architecture.

In *Das Andere* 1, Loos writes:

> How should one dress?
> Modern.
> When is one dressed in a modern fashion?
> When one is least conspicuous.
> I am not conspicuous. But then I travel to Timbuktu or Krätzenkirchen. And people stare at me. Because there I am *conspicuous.* Very. I therefore have to make a caveat. One is dressed in the modern fashion when one is not conspicuous in centers of occidental culture.
> I'm wearing brown shoes and a business suit. And I go to a ball. And again I get stared at. And therefore I have to make another caveat. *One is dressed in the modern fashion when one is not conspicuous in centers of Western culture on a SPECIFIC occasion.*[11]

The argument echoes Simmel, who in his "Fashion" of 1905 wrote: "The commonplace is good form in society [...] It is bad taste to make one's self conspicuous through some individual, singular expression [...] Obedience to the standards of the general public in all externals [is] the conscious and desired means of reserving their personal feelings and their taste."[12] Fashion is a mask that allows the metropolitan individual to reserve and thereby preserve his individuality by protecting it rather than trying to find forms of its expression. It is precisely in Simmel's terms that Loos writes about fashion. A few years later, he will even speak of fashion as a mask in "Ornament and Crime" (1908):

> We have become more refined, more subtle. Primitive men had to differentiate themselves by the use of various colours, modern man needs his clothes as a mask. His individuality is so strong that he cannot express it any longer through his clothing. The lack of ornament is a sign of intellectual power. Modern man uses the ornament of past and foreign cultures at his discretion. He concentrates his own power of invention on other things.[13]

Where is "he" who has assumed the condition of the modern to find an identity? This was Loos's question. No longer protected by the fixed and the permanent, by the things that speak, modern man now finds himself surrounded by objects without meaning. In no way, Loos said, can he make use of these things, force them to speak an invented language, or construct a false pedigree—precisely what he was accusing the artists of the Secession and the Wiener Werkstätte of attempting.

Modernity implies a return to the function of the mask. For Loos, every member of the crowd has to comply on the surface by masking his interiority and his sexuality, but also his creativity, his "power of invention": "*The Critique of Pure Reason* could not have been created by a man wearing five ostrich feathers in his hat, the Ninth Symphony was not written by one wearing a ring the size of a dinner plate around his neck."[14] Everyone is a new "primitive" wearing a modern mask as a form of protection, a cancelling of differences on the outside precisely to make identity possible, and this identity is now individual rather than social. The mask constructs the private.

MISS MANNERS

Etiquette books became a new and popular genre in the nineteenth century. Industrialization generated new forms of mobility of people and objects that required new protocols. Metropolitan life brought together people from different backgrounds and cultures who no longer knew how to behave. They needed guidance on how to fit into the new system, whether rich, poor, or changing in status. While most of these manuals were written by women, Loos's advice in *Das Andere* shares the same quality and tone of a friendly companion advising on what to wear, how to eat, how to write a letter, how to greet an acquaintance in the street. *Das Andere* is a manual of etiquette.

It is interesting that Loos constantly refers to his stay in America, because it was precisely in America, a country of immigrants in search of a higher socioeconomic status, that these books were most in demand. Emily Post, daughter of an architect, later wrote the most successful manual of all, still in print today. Arthur Schlesinger argued in 1946 that such books were part of "the leveling-up process of democracy."[15] Post's advice resonates strongly with Adolf Loos in the need for a modern mask: "The business suit is supposed to be an every-day inconspicuous garment."[16] But unlike Loos, Post makes similar arguments for women: "It is never good form to be elaborately dressed in a public place, except in the box at the opera or at a charity ball." And she offers to women the ultimate New York advice: "Nothing can compare with the utility and smartness of black." For Loos, the argument is explicitly about the "evolution of humanity," but symptomatically women are excluded from that evolution: "The ornament will forever serve women [...] It responds in the end to that of the savage; it has an erotic meaning."[17]

THE HOUSE

When Loos writes about the house, he does it in the same terms in which he writes about fashion: "When I was finally given the task of building a house, I said to myself: in its external appearance, a house can only have changed as much as a dinner jacket. Not a lot therefore [...] I had to become significantly simpler. I had to substitute the golden buttons with black ones. The house has to look inconspicuous."[18]

The building shelters the individual by providing a mask to the outside that constructs and maintains privacy. In "Heimatkunst" (1914) he wrote: "The house does not have to tell anything on the outside; instead, all its richness should be disclosed on the inside."[19] The "richness" of the interior is a kind of luxury held in reserve from the public, a richness of materials, colors, and sensuality but also a richness of the psyche, the private life of thoughts, dreams, fantasies, sexuality, and perversions, of everything that has to be defended against the intrusion of the police, the press, and public morality.

All of Loos's architecture is about the construction and protection of this interior. Building becomes the support of clothing, even a form of clothing. In "The Principle of Cladding," which explicitly echoes Gottfried Semper's theory of architecture as clothing,[20] Loos writes: "The artist, the *architect*, first senses the effect that he intends to realize and sees the rooms he wants to create in his mind's eye. He senses the effect that he wishes to exert upon the spectator."[21] The all-important effect that launches architecture is sensual. Loos privileges the bodily experience of space over its mental construction: the architect first senses the space, then he visualizes it. For Loos, architecture is a form of covering, but it is not the walls that are covered. Structure plays a secondary role. Its only function is to hold the covering in place:

> The architect's general task is to provide a warm and livable space. Carpets are warm and livable. He decides for this reason to spread one carpet on the floor and to hang up four to form the four walls. But you cannot build a house out of carpets. Both the carpet on the floor and the tapestry on the wall require a structural frame to hold them in the correct place. To invent this frame is the architect's second task.[22]

It is hard not to think of Lina Loos's bedroom, where the entire space is an envelope of white textiles suspended from lightweight props, as a theatrical set for a performance, and the building recedes behind this bag. The walls, floor, and windows are partially visible but covered. Loos exhibits the act of covering. The structure is asked to withdraw to create a space for the performance that is daily life, not art. In *Das Andere*, Loos describes quite a few family dramas, to make the point that the house is not a work of art, as the Secession and Art Nouveau designers were foolishly proclaiming:

> Depict for once how birth and death, how the cries of pain of a son killed in an accident, the death rattle of a dying mother, the last thoughts of a daughter planning her suicide play out and are showcased in a bedroom designed by Olbrich.
>
> Just think of this one image: The young girl who has surrendered to death. There she lies, stretched out on the hallway floor. One hand still convulsively clutching the smoking gun. On the table a letter. The rejection letter. Is the room in which this scene takes place in good taste? Who would ever ask such a thing? Who cares? It is a room, basta!
>
> But what if the room was furnished by Van der Velde? Then it is *not* a room.
Then it is — — —
Well, what is it actually? — — —
A blasphemy of death![23]

Architecture must not compete with the dramas going on within it. Architecture must not be a performance. A dramatic room is not a room. It is an insult.

CRIME SCENE

And what of that photograph, the only one published in *Das Andere*? **fig. 14**

A storefront with the name Joh. Exinger written on it and a dead cow by the entrance, perfectly aligned with the architecture, the legs at right angle with the body. The shop is from the 1700s but still modern in its abstract simplicity and color. The owners have not succumbed to the temptation to "modernize" it. The shop could be in England, the hallmark of everything correct: "Aha, the reader will say, looking at the adjacent picture: that is an English store in an old English town. In Chester or in Stratford-upon-Avon. As if clipped out of an old English magazine. The reader is mistaken. This is a Viennese picture, from the heart of the city."[24] Having condemned everything Austrian, Loos finally finds something to praise. The perfect image of a discreet mask to the street for a family business. Yet it is about to disappear. The shop is going to be demolished and Loos argues for its preservation in a museum.

But what of the cow? The image is reminiscent of Eli Lotar's *Slaughterhouse* (1930), published in Georges Bataille's surrealist magazine *Documents*, where multiple cows' legs in the street are neatly aligned against a wall **fig. 15**. Loos's image of the discreet mask likewise hints at deep menace in the interior. The Loos interior has an air of violence and perversion. The ever so discreet mask on the outside veils all forms of indiscretion. The interior becomes a space without limits. Loos calls for propriety and blending into society on the outside but defends all those things on the inside that society regards as offensive. He flaunts his fascination with the forbidden, hoping to be scandalous.

The poster advertising *Das Andere* 2 could not have been missed by anybody in Vienna:

- "On the Use of Toilet Paper"
- "Modernism or Secession?"
- "Occidental Remains in Vienna"
- "Intercourse or Masturbation?" **fig. 16**

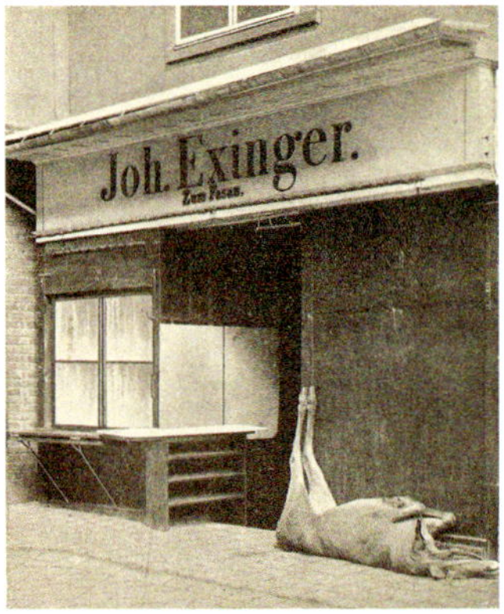

14

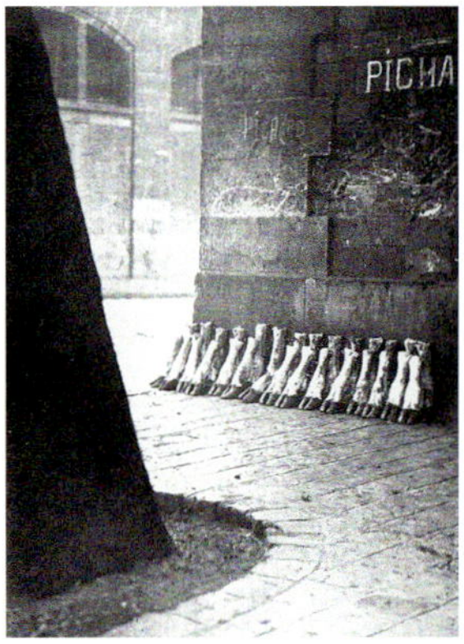

15

The discussion of the appropriate style for our times is sandwiched between toilet paper and masturbation. Loos emphatically defends both. He satirizes those who oppose masturbation and treats toilet paper as the sign of Western civilization. According to him, "80 percent of the residents of Austria are entirely unaccustomed to the use of the aforementioned paper [...]. Every officer serving with the troops can confirm it for you."[25] Loos is often drawn to the scatological and whatever is repressed, embracing anything that embarrasses to expose pretensions and fake moralities. The main target is the danger of the family. He tells story after story exposing the hypocrisy of the state, the press, and the police, who express moral outrage about children in the streets being exploited and getting sexual diseases but fail to protect the vulnerable. In response to the recent outrage expressed over a young girl getting syphilis and passing it to others in a boarding house and the call for children to stay with their families, Loos portrays the family itself as a crime scene:

> Let's take a closer look at this family. A room. Father, mother, and so and so many children. They cook, eat, and sleep in the same room. In the evening, and in the course of the night, male and female lodgers arrive.
> There are people who like to argue about whether and when children should be enlightened about the reproductive functions. For the proletariat, such "issues" are humbug. Children are familiarized with the reproductive functions just as quickly as they are with the digestive functions. Although there is a slight difference. The fact is that while fathers and mothers, male and female lodgers have the feeling that they should shield the *latter* functions from the eyes of children, this modesty disappears entirely when it comes to the former functions.[26]

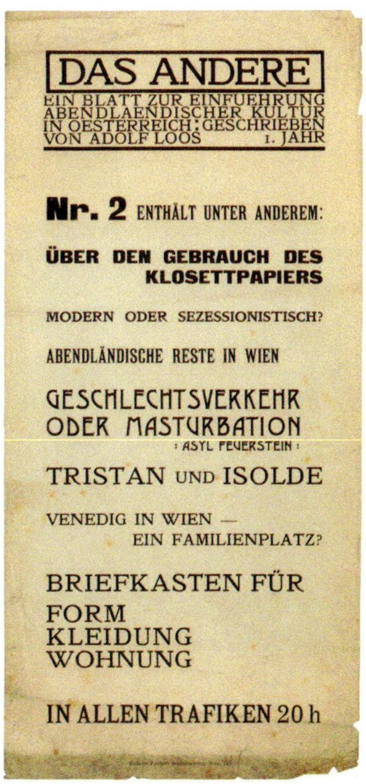

16

The moral limits proclaimed in public dissolve on the interior. The children of the proletariat are of repeated concern to Loos. Against Vienna's police, who want to keep them from working in the streets but turn a blind eye to the fact that they are working at home ("all night gluing paper bags or carving toothpicks, while the male lodger has his way with the female lodger"[27]), he cites the American example of newspaper boys, and says: "There are no dangers on the street. It is under the protection of the public eye. *There is only the danger of the family.*"[28] The family is the unsafest place of all.

MASTURBATION

What is being condemned so loudly is definitely not as bad as all the repressive speeches would have it. In *Das Andere*, Loos writes:

> Doctors say that syphilis in childhood is not nearly as dangerous as at a more mature age. And psychologists say that masturbating in the company of another person is not nearly as harmful for the character as doing it alone. I almost believe—that the proletariat is in any case better off — — —[29]

But it is not just the children of the proletariat who concern Loos. On the occasion of the notorious trial of a tutor in Germany who had beaten to death a child under his care for masturbating and received the mild sentence of eight years in prison, Loos writes in *Das Andere*:

> On the trial concerning a beating in Bayreuth. Names of persons whose presence will make any decent human want to spit:
> Councilor of Commerce *Rudolf Koch,* Director of the Deutsche Bank. His wife, Mrs. *Rosalie Koch.* Retired Cavalry Captain *Bugge,* her son-in-law. Dr. med. *Vogt,* Director of the Neobiological University Laboratory. *All of them living in Berlin.*[30]

The moralists are the real criminals.

PEDOPHILIA

Das Andere stopped in 1904, when Loos landed an important building commission, Villa Karma, on the shores of Lake Geneva, for Dr. Theodor Beer, a psychiatrist, photographer, professor at the University of Vienna, and author who had also contributed to *Neue Freie Presse*. The "urgent and difficult" commission is cited by some historians as possible reason for the interruption of the publication. But Villa Karma itself was interrupted when the owner, Dr. Beer, by now a friend of Loos, was accused of pedophilia and fled first to Switzerland and from there to England and the United States to avoid preventive prison before the trial. He asked Loos to enlist his friends in his support. Karl Kraus did this emphatically in the pages of *Die Fackel*, insisting on the separation of private morality and the law, describing the case as a "process of shame" based on the "semi-comprehension of the words of a child."[31] Loos and Altenberg also came to Beer's defense, with Loos testifying at the trial.

Lina Loos, who had stayed at Villa Karma for some months, didn't support Beer and took strong issue with Loos on the matter. She separated from Loos soon after, and later became a highly regarded writer in newspapers, focusing on questions of social justice and the rights of women. Beer came back to Vienna in 1905. He was convicted at the trial, sentenced to three months of prison, and stripped of his title. He avoided prison by paying bail. His wife committed suicide a few months later.

Oddly enough, Beer had given Loos two iron boxes of incriminating evidence—photographs of children—to safeguard. In a remarkable gesture, Loos renovated his own chimney niche, taking away the horizontal brick extensions of the hearth that he and Lina used for sitting opposite each other near the fire, as seen in a private photograph of 1903, to now accommodate the two boxes **fig. 17**. The boxes can be seen on either side of the chimney in the famous photograph of his apartment, published years later **fig. 18**. Once again a very private secret is made accessible to the public. For over 20 years, the boxes alone framed Loos's chimney nook. The only photograph of Loos in his apartment shows him in front of the chimney with the secret boxes behind him, as if we were guarding them **fig. 19**.

When Loos himself was accused of pedophilia and arrested on September 5, 1928, the police found the incriminating boxes, despite the attempt by his faithful housekeeper, Mitzi Schnabl, to hide them before the police arrived. His effort to defend himself in a newspaper interview only raised more questions than it answered:

> The photos that were found in my house, that [the police] want to connect to my affair, had been sent to me fifteen years ago, in a sealed package, by a writer who is now dead, and did not wish for them to be found among his estate. I must clarify immediately that this writer is not Peter Altenberg, whose estate I have nothing to do with. If I were really a collector of photos of this genre I would have added some in the last fifteen years [...] Maybe it was an error on my part not to have burned that package.[32]

It is interesting that Loos feels the need to clarify that the owner of the photographs was not his late friend Peter Altenberg, who years before had also been accused of pedophilia. On the fourth day, Loos was released from prison on a 20,000-schilling bail that had been collected by a group of his friends. He was convicted a few weeks later on charges that he had inappropriately touched children posing for him and forced them to take a bath. The law provided for one to five years, but Loos was sentenced to four months of prison. Loos said that he was allowed to use his own bed linen and that the bed was not so bad. He had slept in worse.

Once again, the moralist as criminal. But the point here is not the actual private life of Adolf Loos, as if we could know it, but his commentary on private life, which was organized around autobiography, and what it represented at that time in the evolution of social and architectural norms.

PRIVATE LIFE DISMANTLING ITSELF

In 1926, Loos gave four lectures in German at the Sorbonne, in Paris, on February 17, 22, and 25 and March 8. The series was entitled "The Man with the Modern Nerves" and addressed

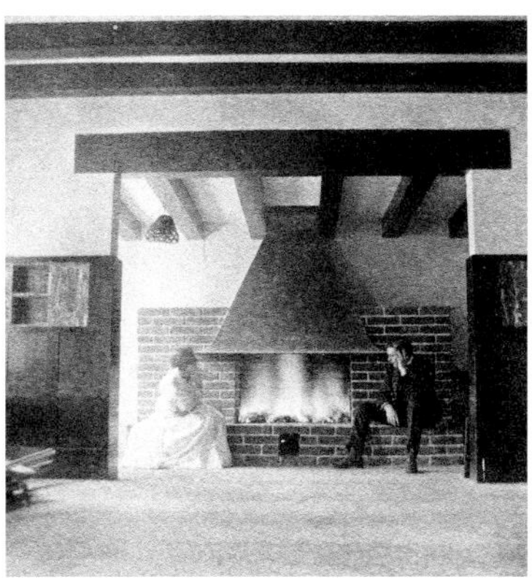

17

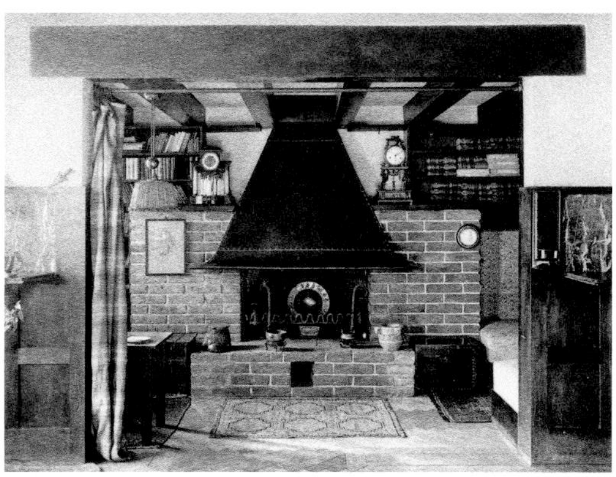

18

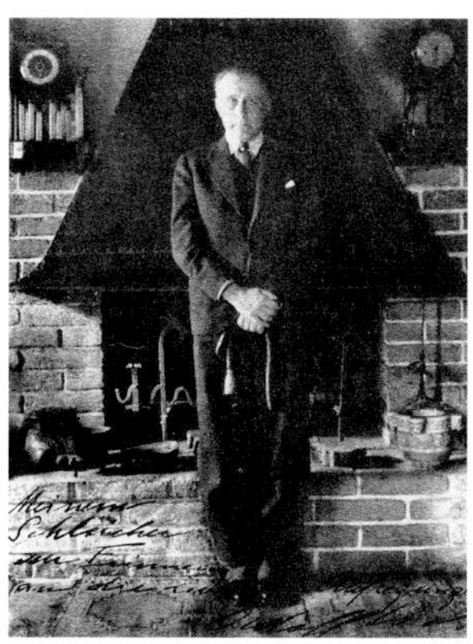

19

the issue of how to live one's life appropriately: how to walk, how to sit, how to lie down, how to eat, how to sleep, how to dress, and how to reside **fig. 20**.

Vienna at the turn of the century was all about "the nerves," and Loos's writings are full of references to nerves: We no longer have the nerves to eat, dress, decorate, as in previous centuries. Modern man has a whole new set of nerves with completely different sensitivities. In "Ornament and Crime" (1910), Loos speaks of his "horror" in front of the decorated animals in culinary displays, particularly if he thinks he has to eat "one of these stuffed animal corpses. I only eat roast beef."[33] He feels the same nausea in the face of any excessive ornament, whether on food or architecture: "We have become more refined, more noble. We lack the steady nerves to drink from an elephant's ivory tusk on which an Amazon battle scene has been engraved [...] Our temples are no longer painted blue, red, green, and white, like the Parthenon, no, we have learned to appreciate the beauty of naked stone." [34]

The rejection of ornament is not an aesthetic theory but a physiological reaction, as Loos put it in 1919, when discussing the English military uniform as a model for modern dress: "The nerves of the modern man rebel against a demand to go back twenty, fifty, or a hundred years."[35] By 1921, he is arguing that the whole biology of man has evolved to give modern man a whole new set of nerves.[36] And in "Ornament and Education" (1924) he writes: "Modern Man, the man endowed with a modern nervous system, doesn't need ornament. On the contrary, he loathes it. Every object that we call modern lacks ornament. Our dresses, our machines, our furs and every object of everyday use don't have—since the French Revolution—any ornament."[37]

In his celebrated essay "Karl Kraus," Walter Benjamin quotes Robert Scheu, brother of Gustav Scheu (for whom Adolf Loos built a controversial house in Vienna in 1912):

> "Kraus," writes Robert Scheu, "discovered a great subject that had never before set in motion the pen of a journalist: the rights of the nerves [...] He became the advocate of the nerves [...] but the subject grew under his hands, to become the problem of private life. To defend this against police, press, morality, and concepts, and ultimately against neighbors in every form, constantly to find new enemies, became his profession."
>
> To secure private life against morality and concepts in a society that perpetrates the political radioscopy of sexuality and family, of economic and physical existence, in a society that is in the process of building houses with glass walls, and terraces extending far into the living rooms that are no longer living rooms [...] In other words, the private life that is dismantling itself, openly shaping itself, that of the poor, from whose ranks came Peter Altenberg, the agitator, and Adolf Loos.[38]

Robert Scheu had also written about Loos in the pages of *Die Fackel*, in 1909, the same year that he wrote about Kraus. Incidentally, Loos's house for Gustav Scheu had the most radical terraces and produced its own scandal in Vienna. The house was criticized, in the words of Loos, because "such a manner of building might be suited for Algiers, certainly not to Vienna."[39] **fig. 21** The culprits were the large terraces that the bedrooms opened onto on the first and second floors of the house. Once again, Loos was making a provocation around the limit between the intimate and the public.

Benjamin often confuses Loos with the architecture of glass. Nothing could be further from Loos. But where he is surgical is with the dismantling of the private from within and the resolute defense against the intrusive gaze of public authority. The interior is newly fragile, like a nervous individual analyzed by psychoanalysis or the vulnerable body of a tuberculosis patient penetrated by X-rays. Everybody becomes like a child or a patient needing to be wrapped in cotton wool. It is as if the new nerves are so new that the modern individual has only just been born and needs a protective incubator to survive, to gain the necessary strength. Loos's architecture is an incubator.

Loos was himself fragile. He suffered from numerous nervous and physical ailments throughout his life. He had stomach

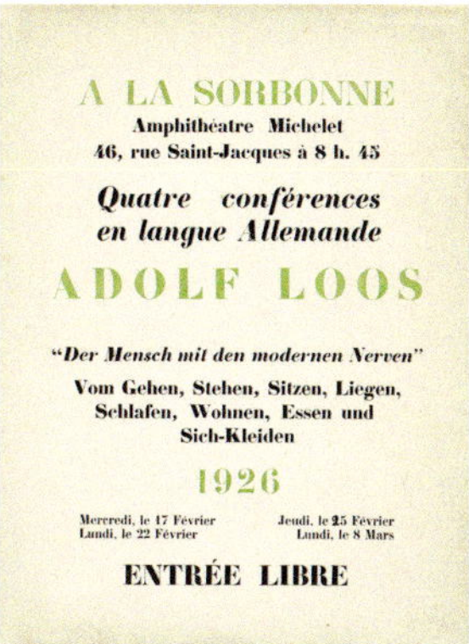

20

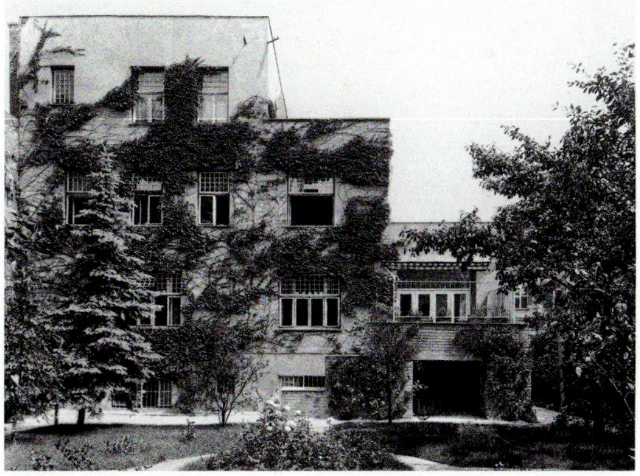

21

cancer and underwent a number of major surgeries. All his life he suffered from poor hearing and he eventually became completely deaf. At the end of his life, he checked himself into the sanatorium run by his friend the psychiatrist Dr. Schwarzmann, in Kalksburg, where he died.

Das Andere is a survival manual for the fragile man with modern nerves. This man is none other than Loos himself. All the stories he tells are autobiographical, whether he tells us so or not. When he writes about plumbing, it is revealing to find out he worked as a plumber in New York. When he says that the hairdresser's assistant dresses that way because he hopes to be taken for a count, but that no count would ever choose to dress like a hairdresser's assistant, we later learn from Richard Neutra that Loos had actually worked as a hairdresser's assistant in a small shop on 14th Street in New York. When he writes about tailoring, we discover that he used to live in New York in the basement of a tailor shop. Likewise, it turns out that Lina Loos was a client of Tausky & Mandl, the lingerie shop in Vienna that advertised in the journal for free. When Loos claims that 80 percent of Austrians don't know what toilet paper is and cites army officers as witness, we have to remember that he served in the military. When he writes about syphilis in children, we again learn later that he had suffered from it as a young man and it had left him sterile. *Das Andere* was not simply an attempt to design the modern client. Loos was also designing himself.

1 Adolf Loos, "Architecture" (1910), trans. Wilfried Wang, in *The Architecture of Adolf Loos: An Arts Council Exhibition*, ed. Yehuda Safran and Wilfried Wang (London: The Arts Council of Great Britain, 1985), p. 106.
2 Adolf Loos, *Das Andere* 1, p. 1.
3 Walter Benjamin, "Karl Kraus," in *Reflections*, ed. Peter Demetz (New York: Schocken Books, 1978), p. 248.
4 Adolf Loos, cited in Claire Beck Loos, *Adolf Loos: A Private Portrait*, ed. Carrie Paterson, trans. Constance C. Pontasch and Nicholas Saunders (Los Angeles: Doppelhouse Press, 2011), p. 34. First published as *Adolf Loos Privat* (Vienna: Johannes-Presse, 1936).
5 The magazine *Die Fackel* (The Torch) was founded by Karl Kraus in 1899. In the early years it had many contributors, including Adolf Loos and Peter Altenberg. After 1911, Karl Kraus wrote most issues of *Die Fackel* entirely on his own.
6 *Kunst* 4 (1903), p. 10.
7 Adolf Loos, "Das Leben," in *Die Zukunft,* Berlin (January 30, 1904).
8 Richard Neutra, "Ricordo di Adolf Loos," *Casabella* 233, November 1959, p. 46. English on p. VIII.
9 Adolf Loos, "Men's Fashion," "Men's Hats," "Footwear," "Underclothes," and "Ladies' Fashion," *Spoken into the Void: Collect essays 1897–1900*, trans. Jane O. Newman and John H. Smith (Cambridge and London: MIT Press, 1982). This is just the list of articles of this period that are explicitly about fashion, but references to fashion appear in many others.
10 Georg Simmel, "The Metropolis and Mental Life," in *On Individuality and Social Forms: Selected Writings*, edited and with an introduction by Donald N. Levine (Chicago: University of Chicago Press, 1971), pp. 324–39.
11 Adolf Loos, *Das Andere* 1, p. 8.
12 Georg Simmel, "Philosophie der Mode," in *Moderne Zeitfragen* 11, ed. Hans Landsberg, Berlin, n.d. (1905), pp. 5–41, translated as "Fashion," *International Quarterly*, New York (October 1904), pp. 130–55.
13 Adolf Loos, "Ornament and Crime" (1908), in *The Architecture of Adolf Loos* (see note 1), p. 103.
14 Adolf Loos, "Die Überflüssigen," (1908; The Excessive), in Adolf Loos, *Sämtliche Schriften,* vol. 1, ed. Franz Glück (Vienna and Munich: Verlag Herold, 1962), p. 269.
15 Arthur Schlesinger, *Learning How to Behave: A Historical Study of American Etiquette Books* (New York: Cooper Square Publishers, 1946).
16 Emily Post, *Etiquette in Society, in Business, in Politics and at Home* (New York: Funk & Wagnalls Company, 1922).
17 Adolf Loos, "Ornament und Erziehung", in *Sämtliche Schriften* (see note 14), pp. 391, 395, 396.
18 Loos, "Architecture" (see note 1), p. 107.
19 Adolf Loos, "Heimatkunst" (1914), *Trotzdem, 1900–1930* (Innsbruck: Brenner, 1931).
20 Loos was influenced by Semper's theories from his year at the Dresden Technische Hochschule, where Semper had been a professor between 1834 and 1849, and remained a strong voice.
21 Adolf Loos, "The Principle of Cladding" (1898), in *Spoken into the Void*, p. 66.
22 Ibid.
23 Adolf Loos, *Das Andere* 1, p. 9.
24 Adolf Loos, *Das Andere* 2, p. 2.
25 Ibid., p. 1.
26 Ibid., p. 3.
27 Ibid.
28 Ibid.
29 Ibid., p. 4.
30 Ibid., p. 5.
31 Karl Kraus, *Sittlichkeit und Kriminalität*, cited in Burkhardt Rukschcio and Roland Schachel, *Adolf Loos: Leben und Werk* (Vienna and Salzburg: Residenz Verlag, 1982), p. 95.
32 "Gegen den Bürgerlichen Moralkodex," a conversation with Adolf Loos, *Neue Freie Presse*, September 9, 1928. Cited in Rukschcio/Schachel (see note 31), p. 339.
33 Adolf Loos, "Ornament und Verbrechen," in *Sämtliche Schriften* (see note 14), p. 280.
34 Loos, "Architecture" (see note 1), p. 107.
35 Adolf Loos, "Die englische Uniform" (The English Uniform), *Neues 8 Uhr-Blatt*, May 24, 1919.
36 Adolf Loos, "Wohnen lernen!" *Neues Wiener Tagblatt,* Vienna, May 15, 1921. Loos cites landscape architect Leberecht Migge about men who possess modern nerves.
37 Loos, "Ornament and Education" (see note 17), pp. 392–93.
38 Walter Benjamin, "Karl Kraus," in *Walter Benjamin: Selected Writings, Vol. 2: 1927–34*, ed. Marcus Bullock and Michael W. Jennings (Cambridge, MA: Belknap Press, 1999), pp. 433–58.
39 Adolf Loos, "Scheu House, 1912," *The Architecture of Adolf Loos* (see note 1), p. 50.

ADOLF LOOS UND DER MENSCH MIT DEN MODERNEN NERVEN

Beatriz Colomina

Warum sollte Adolf Loos, einer der einflussreichsten Architekturtheoretiker und Gestalter des 20. Jahrhunderts, zwei 14 Seiten starke Beilagen zu einer Kunstzeitschrift erstellen, in denen weder Kunst noch Architektur Erwähnung fanden?

Alles andere kommt vor: Nahrungsmittel, Kleidung, Sex, Sattelsitze, Tapeten, Masturbation, Schuhe, Markenzeichen, Möbel, Besteck, Musik, Theater, Strassendekorationen, Fahnenstangen, Varieté, Etikette, Tischsitten, Innenraumgestaltung, Tod, Selbstmord, Kinder, öffentliche Sittlichkeit, Toilettenpapier, handwerkliches Können, Friseure, Geschmack, Ladeneingänge, Syphilis, Zeitungsjungen, Familie, Polizei, Kochen, Plakate, Pornografie, Tristan und Isolde, Glücksspiel, Kokotten.

Wie konnte man alle diese Dinge in einem derart kompakten Paket zusammenfassen? Was verbindet all diese anscheinend grundverschiedenen Themen?

Das Andere: Ein Blatt zur Einfuehrung Abendlaendischer Kultur in Oesterreich war eine kleine Zeitschrift, die zur Gänze von Adolf Loos verfasst wurde und 1903 in Wien als Beilage zu dem neuen Magazin *Kunst – Halbmonatsschrift für Kunst und alles Andere* erschien **Abb. 1**, das von Peter Altenberg, einem engen Freund von Adolf Loos und Karl Kraus, herausgegeben wurde. In frühen Fotografien von Loos' Kärntner Bar (American Bar) in Wien kann man bereits das von Gustav Jagerspacher gemalte Porträt Altenbergs erkennen, das an markanter Stelle hängt und den Raum beherrscht **Abb. 2**.

Was aber ist dieses «Andere», das Loos nie benennt? Man beachte, dass «das Andere» schon im Untertitel der Zeitschrift *Kunst* erscheint, womit eine erste Möglichkeit der Interpretation angeboten wird. Meint *Das Andere* das andere aus dem Untertitel der *Kunst*? Das Motto dieses Magazins lautet «Natura Artis Magistra» («Die Natur ist die Lehrerin der Kunst»). In seinem ersten Leitartikel schrieb Altenberg: «Die Kunst ist die Kunst, das Leben ist das Leben, aber das Leben künstlerisch zu leben, ist die Lebenskunst. Wir wollen die Kunst, dieses Exzeptionelle, dem Alltage vermählen.» Loos allerdings war bekanntermassen gegen die Vermischung von Kunst und Alltagsleben. In einem seiner bekanntesten Aufsätze mit dem Titel *Architektur* (1910) schrieb er: «[A]lles, was einem Zweck dient, ist aus dem Reiche der Kunst auszuschliessen.»[1] Es gab keine Brücke zwischen Leben und Kunst. Loos war ein Philosoph des Alltäglichen. Seine Nemesis war die Gruppe der Wiener Secession, die alltägliche Gesten zu Kunstwerken machen wollte. Im Rahmen der Secession gab es nichts Alltägliches.

Trotz Altenbergs und Loos' tiefer und lebenslanger Freundschaft zeigt der Leitartikel der *Kunst* bereits ihre unüberbrückbaren ideologischen Differenzen auf. Möglicherweise brauchte *Das Andere* deshalb seinen eigenen Bereich innerhalb der Zeitschrift, einen eigenen Titel, einen eigenen Herausgeber, eine eigene Typografie und sogar eine eigene Form der editoriellen Werbung. In dieser Beilage wurden keine klassischen Anzeigen publiziert, sondern Loos wählte von ihm geschätzte Produkte und Firmen aus, für die er kostenlose Annoncen entwarf und veröffentlichte, um die passende Atmosphäre zu schaffen. Er informierte die Leser und die Unternehmen, dass niemand für solche Werbung bezahlen müsse oder solle. Ein Raster aus solchen nicht bestellten Anzeigen bildet sogar das Titelblatt, womit eine Grenzlinie zwischen der *Kunst* und ihrer Beilage definiert wurde. Der gedachte Leser betritt die Szene als kunstvoll gestaltete Figur, die in den Annoncen dargestellt ist, die richtige Kleidung oder Unterwäsche trägt und von den richtigen Objekten, Möbeln und Tapeten umgeben ist. Mit seiner Schrift *Das Andere* konstruierte Loos sehr sorgfältig ein Interieur, einen Raum, in dem er das Alltagsleben auf seine persönliche Art diskutiert. Dieser Raum hat eine Architektur. Er ist wie ein Möbelstück hergestellt worden. Loos arbeitete mit dem Erzählen von Geschichten. Aneinandergereihte Kurzgeschichten, Anekdoten, imaginäre Dialoge, Theaterkritiken, Rezepte, Wettbewerbe für Handwerker, Leserbriefe usw. dienen als Parabel und skizzieren einen Code für das angemessene Auftreten im modernen Leben. Der Leser wird von einem geistreichen Beobachter instruiert, der die Welt bereist hat, eindeutige Ansichten zu allem besitzt und Wertungen abgibt, ohne herablassend zu sein. Er agiert als kultivierter Begleiter, der für die grösste denkbare Bandbreite an gewöhnlichen Fragen guten Rat weiss. Da geht es darum, wie man einen Salzlöffel handhabt, sich nach der aktuellen Mode kleidet, welche Seite des Bürgersteigs man in Begleitung einer Dame benutzt, wie Auberginen zuzubereiten sind, wie man einen Brief schreibt oder einen Freund auf der Strasse begrüsst, der sich in Begleitung einer unbekannten weiblichen Bekanntschaft befindet, wie man bei Tisch ein Brötchen zerteilt oder Fruchtsamen ausspuckt.

All diese kleinen, nachdrücklich, aber freundlich vorgebrachten Ratschläge überschneiden sich und ergeben in ihrer Gesamtheit einen Grossangriff auf die zeitgenössische österreichische Gesellschaft, ihre verlogene Moral, ihre Anmassungen und Polizeiübergriffe, ihren Mangel an Sitten, Massstäben, Geschmack usw. Der – unverkennbar männliche – Leser wird dazu aufgefordert, anders zu leben als die Menschen in seinem Umfeld. Im Grunde handelt es sich um ein Manifest. Loos' Ziel war es, einen Bereich für das Privatleben zu gestalten und angesichts zahlreicher Angriffe auf das Individuum zu verteidigen. Wie sein enger Freund Karl Kraus **Abb. 3**, dessen Zeitschrift *Die Fackel* **Abb. 4** eine wesentliche Inspirationsquelle für *Das Andere* darstellte, bezog er beim Schreiben den Leser immer mit ein. Dieser wird als Insider anerkannt, als sässe er mit Loos in einer kleinen Bar. Der Autor befindet sich auf der anderen Seite des Tisches und erzählt wundervoll unterhaltsame Geschichten, die jeweils eine Moral enthalten. Wie in einer Bar ist der Leser weder zu Hause, im Bereich des ganz Privaten, noch im anonymen Raum der Strasse, sondern in einem Bereich, der vom öffentlichen Raum abgesondert wurde und in dem man private Ratschläge über das Verhalten in der Öffentlichkeit entgegennehmen kann. *Das Andere* ist selbst ein solcher Raum – am Ende der Zeitschrift *Kunst* untergebracht, wie das Hinterzimmer einer Bar.

Die Mehrzahl von Loos' Geschichten ist autobiografisch, beginnend mit der ersten über seine Reise nach Amerika, die mit den lakonischen Worten «Mein Onkel ist Uhrmacher in Philadelphia»[2] einsetzt. Ohne Geheimnisse zu enthüllen, gibt Loos dem Leser Verhaltensinstruktionen, indem er über seine eigenen Erfahrungen spricht. Es wird, dem biografischen Genre entsprechend, Vertrauen aufgebaut oder vorausgesetzt – seine Bereitschaft, seine Geschichten zu erzählen, und unsere Bereitschaft, zuzuhören. Hierin stand er wiederum seinem Freund Karl Kraus nahe, von dem Walter Benjamin sagte: «Nie hat Kraus eine Argumentation bereitgehalten, die ihn nicht mit seiner ganzen Person engagiert hätte. So verkörpert er das Geheimnis der Autorität: nie zu enttäuschen.»[3] Loos konstruierte seine eindeutige Autorität, indem er in der ersten Person sprach und nie Zweifel durchscheinen liess, als sei ihm der Gedanke an einen Zweifel völlig fremd. Für Loos gab die Aussenwelt ihren Zustand deutlich zu erkennen. Alles war glasklar. Auch dann – oder vielleicht gerade dann –, wenn von dem Bedürfnis die Rede ist, das Private privat zu halten.

Unter all diesen Aspekten ist *Das Andere* nicht das andere, das im Titel *Kunst und alles Andere* erscheint, sondern das andere der *Kunst*, obwohl die *Kunst* auch eine Zeitschrift mit Geschichten, Anekdoten, Kuriosa und Kaffeehausunterhaltungen ist. Das literarische Format der *Kunst* ist das Feuilleton. Das Genre entstammt ursprünglich den Beilagen französischer politischer Zeitungen, die sich allen Themen ausserhalb der Politik widmeten, also dem anderen: Unterhaltung, Klatsch, Literatur und Kunstkritik. Abgesehen von eher konventionellen Kunstwerken sind in der *Kunst* solche Dinge wie Fotografien von den Händen einer Frau zu sehen, die neben einem Gedicht Peter Altenbergs abgebildet sind, das ihre Schönheit preist **Abb. 5**. Oder Fotografien von Frauen auf transparentem, koloriertem Seidenpapier – etwa von Kete Parsenow, einer Schauspielerin, die sowohl von Altenberg als auch Kraus umworben wurde und von der auch Loos verzaubert war **Abb. 6**, oder von Annie Kalmar, einer weiteren aufstrebenden Schauspielerin, die von Karl Kraus «entdeckt» worden war, der sie als Schönste von allen beschrieb **Abb. 7**. Von ihr hingerissen, verschaffte er ihr eine Rolle in einem Stück in Hamburg; sie starb jedoch noch vor dem Auftritt an Tuberkulose, im Alter von nur 23 Jahren. Kraus hatte für die ärztliche Betreuung und einen Sanatoriumsaufenthalt bezahlt und war nach ihrem Tod so am Boden zerstört, dass er die Publikation der *Fackel* für drei Monate unterbrach. In der ersten Nummer der *Kunst*, die zwei Jahre nach Annie Kalmars Tod erschien, schrieb Altenberg folgende Worte unter ihr Porträt:

> Annie Kalmar – IDEALE GRABSCHRIFT
> Wie ein adeligstes Paradigma der eigentlichen Pläne des Schöpfers mit diesem Kunstwerk «Frau», wardst du in dieses TAL DER UNZULÄNGLICHKEITEN gesandt, Annie Kalmar! [...]
> Da zog denn der Schöpfer sein adeligstes Paradigma zurück, rief es wieder zu sich, da es unnütz war unter den Menschen!»

Diese Präsentation von Bildern auf koloriertem Reispapier ist typisch für Kunstbände aus der Zeit der Jahrhundertwende. In der *Kunst* aber wurde sie symptomatisch für die Reproduktion von Abbildungen von Frauen genutzt, die Altenberg kannte und verehrte. Die Bilder sind eine Form der Verherrlichung. Die Fotografien besitzen einen typografisch erstellten Rahmen; sie wurden also wie Gemälde behandelt. Das hat etwas von Fetischismus und wird von den vielen Werbeanzeigen im Heft, die Hände und Füsse zeigen, verstärkt **Abb. 8**. Nicht zufällig sind Altenbergs erstes Beispiel für die von der *Kunst* vertretenen Themen die Hände einer Frau – sein Paradigma für den Schnittpunkt von Kunst und Leben. Entsprechend formulierte er es im Vorwort der ersten Ausgabe: «Die Hand der Dame R.H. ist ein Kunstwerk Gottes. Wir bringen sie photographiert.» Und im Innenteil schrieb er zu den Fotografien ein ekstatisches Gedicht: «O schöne, leichte, zarte, sanfte Hände, edelste Kunstwerke der Natur, wo seid Ihr?!»

Zwei Seiten nach der Huldigung an diese körperlosen Hände in der Nr. 1 der *Kunst* erscheinen auf zwei einander gegenüberliegenden Seiten zwei bemerkenswerte Fotografien **Abb. 9, 10**. Sie zeigen das durchgängig weisse, mit Pelzen und Stoffen ausgekleidete Schlafzimmer, das Loos für seine junge Frau Lina gestaltet hatte, für die sich Altenberg ebenfalls interessiert hatte. Loos hatte sie sogar durch Altenberg kennengelernt, als sie 16 war. Die beiden Fotografien in der *Kunst* sind die einzigen publizierten Abbildungen von Linas Schlafzimmer. Loos veröffentlichte keine Bilder seiner eigenen Wohnung, da er sie als privat erachtete. Die erste Monografie seines Werks von Heinrich Kulka, die 1931 – zwei Jahre vor seinem Tod – erschien, enthält lediglich eine Abbildung der Kaminecke zur Darstellung des Projekts. Hier jedoch, auf den Seiten der *Kunst*, wird Linas Schlafzimmer – der privateste der Privaträume – in all seiner fetischistischen Intensität enthüllt. Der Titel für die erste Abbildung lautet: «ADOLF LOOS: DAS SCHLAFZIMMER MEINER FRAU».

Loos war der Schöpfer des Raums und der Urheber seiner Öffentlichmachung. Für das zweite Bild wird der Titel in grösserer Schrift wiederholt, unter Hinzufügung von:

> WEISSE TÜNCHE
> WEISSE VORHÄNGE
> WEISSE ANGORAFELLE

Es wirkt, als sei die Weisse polemischer als die Weichheit. Oder die Weichheit ist eine Form von Weisse, wie in einer Wolke. Der Raum verwischt polemisch die Unterscheidung zwischen Fussboden, Bett, Wand und Fenster und formt eine durchgängige Hülle, eine Hülle aus Weichheit und Sinnlichkeit. Er ist aber von entschiedener Leere. Es gibt keine Spuren von einer Person oder einer Aktivität. Kein Geheimnis wird preisgegeben. Und dennoch bleibt es bemerkenswert, dass diese eine Enthüllung des Schlafzimmers hier geschieht, in der ersten Ausgabe der *Kunst*, noch bevor wir auf *Das Andere* treffen – als wäre das Schlafzimmer einer Frau ein Theaterraum und Linas Verbindung zum Theater würde das Exponieren des Schlafzimmers neben blossen weissen Händen und den gerahmten Fotografien anderer Schauspielerinnen auf weichem, durchsichtigem Seidenpapier rechtfertigen.

Was immer *Das Andere* ist, es unterscheidet sich von all diesem. Die Tatsache, dass Loos sowohl mit der Veröffentlichung des Schlafzimmers seiner Frau und der Beilage zur Zeitschrift zu tun hatte, zeugt von den Widersprüchen zwischen seinen Äusserungen und dem, was er tut. Später sollte er zu seiner letzten Frau, Claire Beck Loos, sagen: «Das Bett, Lerle, das Schlafzimmer, ist die heiligste, privateste Angelegenheit, kein fremder Mensch darf dieses Heiligtum entweihen [...]»[4] Das Exponieren des Schlafzimmers in der *Kunst* war jedoch kein Versehen oder Irrtum. Es zeigen sich hier die inneren Komplikationen in Loos' Argumentation. Paradoxerweise muss etwas aus dem persönlichsten Bereich an die Öffentlichkeit geraten, bevor die Forderung gestellt wird, dass gewisse Dinge privat zu halten seien. Loos zeigt das Private in der *Kunst* und zieht es dann in der Beilage *Das Andere* wieder zurück. *Das Andere* ist an die *Kunst* gebunden, auch wenn es sich von ihr abwendet. Eine Beilage ist nie nur einfach etwas anderem hinzugefügt. Sie wächst aus ihm heraus und entfernt sich von ihm, als wollte sie den Gastgeber von innen herausfordern. *Das Andere* war von der *Kunst* und von Altenberg abhängig, sogar wenn es Altenbergs Inhalte implizit kritisierte. In einem komplexen Tanz machte *Das Andere* sogar Werbung für die *Kunst* in dem Moment, wo es sich selbst der *Kunst* hinzufügte, und die *Kunst* wird noch Werbung für *Das Andere* machen, nachdem die Beilage sich von der Zeitschrift gelöst hat **Abb. 11**.

Die Zeitschrift *Kunst* wurde fast gänzlich von Altenberg verfasst – so wie Loos *Das Andere* schrieb und Karl Kraus *Die Fackel*.[5] Es erschienen sechs Nummern der *Kunst*, aber nur zwei vom *Anderen*. Die erste Ausgabe der loosschen Schrift war Teil von Nr. 1 der *Kunst* (1. Oktober 1903), konnte aber auch separat erworben werden. Die zweite Ausgabe erschien am 15. Oktober 1903 nur als gesondertes Journal. Loos arbeitete offensichtlich an einer dritten Ausgabe, die aber nie publiziert wurde. In Nr. 3 der *Kunst* taucht *Das Andere* wieder als Beilage auf, weist dieselbe Typografie auf wie Loos' Blatt, der Titel aber war in Rot gedruckt. Der neue Untertitel lautete: Eine Beilage zur ‹Kunst› **Abb. 12**. Wie bei den beiden von Loos editierten Ausgaben besteht das Titelblatt zur Gänze aus Annoncen. In Nr. 4 der *Kunst* teilte Altenberg den Lesern mit: «Adolf Loos ist aus der Redaktion des ‹Anderen› geschieden und gibt ein eigenes Blatt heraus. Er nennt es ‹Das Leben› und will darin auf eigene Faust versuchen, die abendländische Kultur, wie er sie versteht, nach Österreich zu bringen. *Das Andere,* die Beilage zur ‹Kunst›, wechselt nun Art und Tendenz. Sie wird eine literarische Ergänzung zur ‹Kunst›. Die ihrerseits eine immer grössere Ausgestaltung erfahren soll.»[6]

Loos versuchte tatsächlich, *Das Andere* unter dem neuen Titel *Das Leben* fortzusetzen, wobei er den Zusatz *Ein Blatt zur Einfuehrung Abendlaendischer Kultur in Oesterreich* beibehielt. Und wieder kommt die Frage auf, warum ein Architekt sich einem solchen Unternehmen verschreiben sollte? Auch Loos selbst scheint sie sich gestellt zu haben. Bei der Einstellung des *Anderen* als Beilage zur *Kunst*, die möglicherweise auf den provokativen Untertitel zurückzuführen ist, machte er sich direkt an *Das Leben*. In Maximilian Hardens Berliner Zeitschrift *Die Zukunft* verkündete er 1904 seine Absichten und erklärte zugleich, dass er sich nur für ein Jahr einbringen wolle: «[I]ch bin Architekt», betonte er, und dass er diese «Nebenbeschäftigung» als «anstrengend» empfinde.

Warum aber tut er es dann?

Loos zufolge war der Zweck der Zeitschrift, «mir meine Berufsarbeit zu erleichtern».

> Ich habe die Absicht, das Blatt nur ein Jahr zu führen. Mein Beruf – ich bin Architekt – gestattet mir nicht, mich jahraus, jahrein einer so anstrengenden Nebenbeschäftigung zu widmen, wie es das Schreiben

einer solchen Zeitschrift ist. Auch glaube ich, in den vierundzwanzig Heften dieses Jahrganges alles sagen zu können, was ich zu sagen habe. Zweck der Zeitschrift ist es, mir meine Berufsarbeit zu erleichtern. Ich richte nämlich Wohnungen ein. Das kann ich nur für Leute, die abendländische Kultur besitzen. Ich war so glücklich, drei Jahre in Amerika zu leben und westliche Kulturformen kennen zu lernen. Da ich von deren Ueberlegenheit überzeugt bin, halte ich es für charakterlos, auf das österreichische Niveau – subjektiv gesprochen – herabzusteigen. Das führt zu Kämpfen. Und in diesen Kämpfen stehe ich einsam da. Der Hochadel – bisher der einzige Importeur westlicher Lebensformen – hat keinen Einfluss mehr, da der Staat, die Unterrichtsverwaltung, sich ganz einer Richtung angeschlossen hat, die nicht aus der Lebensform Formen schafft, sondern mit Hilfe von Formen Lebensformen schaffen will. Dem Volk wurde es erschwert, sich westliche Kultur anzueignen; denn zwischen Adel und Volk wurde eine Mauer errichtet: die Sezession. Zweck meiner Zeitschrift ist, Bresche [sic!] in diese Mauer zu schlagen.[7]

In anderen Worten: Loos musste erst seine Kunden gestalten, bevor er für sie als Gestalter tätig werden konnte. Und die Anpassung des Kunden an sein Design betraf in jeder Hinsicht das Alltagsleben und die Codes für angemessenes Betragen in jeder erdenklichen Situation. Die Architektur ist dem Leben untergeordnet und unterstützt das Leben. Sie entsteht allein durch das Leben.

Loos' ursprünglich lange Liste mit Namensvorschlägen für den Titel des Blattes, die er als eine Art Skizze zusammengestellt hat, zeugt bereits von der Philosophie der Publikation, ihrer Suche nach «den» Verhaltensregeln. Sie liest sich wie ein eigenständiges Manifest:

DAS ÄUSSERE	DAS CORRECTE
DAS ANDERE	DAS SICHERE
DAS WIRKLICHE	DER SICHERE
DAS RICHTIGE	SOLL
CULTUR	
ADOLF LOOS	EIGENE
DAS NOTWENDIGE	
DER WESTEN	DAS NOETHIGE
DER MAHNER	DER KOPF
DAS EIGENE	HORSSENS
STRAIGHT	DER SAME
DAS RECHTE	DER EINSAME

Abb. 13

Loos fügte sogar seinen eigenen Namen in die Mitte der Liste ein, als ob er ebenfalls die Ambitionen moderner Kultur zu verkörpern und zu repräsentieren in der Lage sei. Er kannte keine Grenzen für die Themen, die die Zeitschrift behandeln sollte, da die Regeln für jede Dimension des modernen Lebens festgelegt werden mussten. Alle diese Dimensionen aber sollten sich mit seinem eigenen Leben überschneiden. Loos erkannte sich selbst in anderen, wie Neutra Jahrzehnte später aufzeigen sollte: «Loos hatte Neutra mit einem Röntgenblick bedacht, mit dem er schmuddelige Oberflächen und Lumpen durchdrang und in menschliche Seelen hineinsah. Er war ein menschliches Wesen, das sich in andere Menschen einfühlen konnte.»[8] Er erkannte und verstand die Herausforderung, die darin lag, in einer sich rapide verändernden Welt den richtigen Weg zum Überleben zu finden. Die Suche nach den richtigen Regeln konnte gar nicht persönlicher sein.

MODE

Das Bemerkenswerteste am Auftaktartikel zur Beilage *Das Andere* ist Loos' Augenmerk auf Kleidung und Mode. Was aber steckt hinter diesem Interesse? Warum hielt er Mode für ein relevantes Thema? Die Faszination zeigte sich bereits in einer Reihe früherer Artikel, die er in der *Neuen Freien Presse* zwischen 1897 und 1900, nach seiner Rückkehr aus Amerika, publizierte.[9] In einigen Untersuchungen zur Kultur des 19. Jahrhunderts wird darauf hingewiesen, dass es um 1890 eine Interessenverlagerung von der Behausung (der nach der Nahrung wichtigsten Lebensnotwendigkeit) zur Bekleidung gab. Diese Veränderung stand in Zusammenhang mit dem aufkommenden Grossstadtleben und dem in der anonymen Umgebung erfolgenden Verzicht auf die traditionelle, angestammte Kultur. In seinem Werk *Die Grossstadt und das Geistesleben* von 1903 schrieb Georg Simmel: «Die tiefsten Probleme des modernen Lebens quellen aus dem Anspruch des Individuums, die Selbständigkeit und Eigenart seines Daseins gegen die Übermächte der Gesellschaft, des geschichtlich Ererbten, der äusserlichen Kultur und Technik des Lebens zu bewahren – die letzterreichte Umgestaltung des Kampfes mit der Natur, den der primitive Mensch um seine leibliche Existenz zu führen hat.»[10] Die Grossstadt wurde zu der neuen Natur, vor der man Schutz finden musste. Kleidung konnte dem modernen Grossstadtbewohner in einer Weise Schutz bieten, wie es Gebäude nicht konnten. Anders gesagt: Kleidung wurde zur ersten Form der Architektur.

In der ersten Ausgabe der Beilage *Das Andere* schrieb Loos:

Wie soll man angezogen sein?
Modern.
Wann ist man modern angezogen?
Wenn man am wenigsten auffällt.
Ich falle nicht auf. Nun fahre ich nach Timbuktu oder Krätzenkirchen. Da staunt man mich an. Denn hier *falle* ich auf. Sehr. Ich muss daher eine Einschränkung machen. *Modern gekleidet ist man, wenn man im Mittelpunkte der abendländischen Kultur nicht auffällt.*
Ich trage braune Schuhe und einen Sakkoanzug. Und gehe auf einen Ball.
Und wieder falle ich auf. Und muss daher wieder eine Einschränkung machen. *Modern gekleidet ist man dann, wenn man im Mittelpunkte der abendländischen Kultur bei einer BESTIMMTEN Gelegenheit nicht auffällt.*[11]

Entsprechendes findet sich bei Simmel, der 1905 in seinem Artikel «Philosophie der Mode» Folgendes schrieb: «[I]n der Gesellschaft [ist] Banalität guter Ton [...]. [E]s [erscheint] taktlos, wenn der eine sich mit irgend einer individuellen, einzigartigen Aeusserung hervortut [...]. Der blinde Gehorsam gegen die Normen der Allgemeinheit in allem Aeusserlichen ist ihnen grade das bewusste und gewollte Mittel, ihr persönliches Empfinden und ihren Geschmack zu reservieren.»[12] Mode ist eine Maske, die es dem Grossstadtmenschen erlaubt, seine Individualität für sich zu behalten und damit zu bewahren, indem er sie beschützt und weniger nach Formen sucht, um ihr Ausdruck zu geben. Es sind Simmels Begriffe, die Loos benutzte, wenn er über Mode schrieb. Einige Jahre später wird er sogar in «Ornament und Verbrechen» (1908) von der Mode als einer Maske sprechen:

Wir sind feiner, subtiler geworden. Die herdenmenschen mussten sich durch verschiedene farben unterscheiden, der moderne mensch braucht sein kleid als maske. So ungeheuer stark ist seine individualität, dass sie sich nicht mehr in kleidungsstücken ausdrücken lässt. Ornamentlosigkeit ist ein zeichen geistiger kraft. Der moderne mensch verwendet die ornamente früherer und fremder kulturen nach seinem gutdünken. Seine eigene erfindung konzentriert er auf andere dinge.[13]

Wo ist «er», der die Bedingung der modernen Zeit, eine Identität zu finden, angenommen hat? Dies war Loos' Frage. Nicht länger vom Festgelegten und Dauerhaften, von Dingen mit einer Aussage, geschützt, sieht sich der moderne Mensch von bedeutungslosen Objekten umgeben. In keiner Weise, so Loos, kann er sich diese Dinge zunutze machen, sie zur Verwendung einer erfundenen Sprache zwingen, einen falschen Stammbaum konstruieren. Genau dies warf er den Künstlern der Secession und der Wiener Werkstätte vor.

Die moderne Zeit implizierte eine Rückkehr zur Funktion der Maske. Loos zufolge muss sich jedes Mitglied der Menge oberflächlich fügen, indem es sein Innenleben und seine Sexualität, aber auch seine Kreativität, seine Erfindungskraft maskiert: «[D]ie *Kritik der reinen Vernunft* konnte nicht von einem Manne geschaffen werden, der fünf Straussenfedern am Barett trägt, die ‹Neunte› stammte nicht von einem, der ein tellergrosses Rad um den Hals trug.»[14] Jeder ist ein neuer «Primitiver», der eine moderne Maske als eine Art Schutz trägt – ein Auslöschen der Unterschiede, gerade um Identität zu ermöglichen, und diese Identität ist jetzt eher individuell als sozial. Die Maske konstruiert das Private.

FRÄULEIN KNIGGE

Leitfäden zu guten Umgangsformen kamen im 19. Jahrhundert auf und entwickelten sich zu einem populären Genre. Die Industrialisierung führte zu neuen Formen der Mobilität für Menschen und Objekte, die neue Regeln nötig machten. Das Leben in den Grossstädten brachte Einwohner unterschiedlicher Herkunft und Kulturen zusammen, die nicht mehr wussten, wie sie sich zu benehmen hatten. Sie brauchten eine Anleitung, um sich in das neue System einzufügen – ob sie nun reich oder arm waren oder gerade ihren Status änderten. Die meisten dieser Handbücher wurden von Frauen geschrieben. Loos' Empfehlungen erinnern in Qualität und Umgangston an Ratschläge eines freundlichen Begleiters dazu, wie man sich kleiden soll, wie man isst, wie man einen Brief schreibt, wie man Bekannte auf der Strasse begrüsst. *Das Andere* ist also ein Leitfaden der Etikette.

Interessanterweise verwies Loos fortwährend auf seinen Aufenthalt in Amerika, denn gerade in Amerika – einem Land voller Immigranten, die nach einem höheren sozioökonomischen Status strebten – war die Nachfrage nach Benimmbüchern besonders gross. Emily Post, Tochter eines Architekten, verfasste einige Zeit später das erfolgreichste dieser Handbücher, das noch heute aufgelegt wird. Arthur Schlesinger konstatierte, dass derartige Bücher Teil des «Nivellierungsprozesses der Demokratie» seien.[15] Posts Ratschläge stimmen grossteils mit Adolf Loos' Ansichten überein, wenn es um das Bedürfnis nach einer modernen Maske geht: «Der Geschäftsanzug soll ein für jeden Tag geeignetes, unauffälliges Kleidungsstück sein.»[16] Anders als Loos argumentierte Post in ähnlicher Weise in Bezug auf Frauen: «Es entspricht niemals gutem Benehmen, in der Öffentlichkeit aufwendig gekleidet zu sein, es sei denn in einer Opernloge oder bei einem Wohltätigkeitsball.» Und sie hatte für Frauen den ultimativen New Yorker Ratschlag parat: «Nichts ist mit der Nützlichkeit und Eleganz von Schwarz vergleichbar.» Für Loos ging es in dieser Frage ausdrücklich um die «entwicklung der menschheit», aber Frauen waren charakteristischerweise von dieser Entwicklung ausgeschlossen: «[…] das ornament im dienste der frau wird ewig leben. [D]as ornament der frau aber entspricht im grunde dem des wilden, es hat erotische bedeutung.»[17]

DAS HAUS

Wenn Loos über das Haus schrieb, verwendete er dieselben Begriffe wie bei Texten über Mode: «Als mir nun endlich die aufgabe zuteil wurde, ein haus zu bauen, sagte ich mir: Ein haus kann sich in der äusseren erscheinung höchstens wie der frack verändert haben. Also nicht viel. [I]ch musste […] noch bedeutend einfacher werden. Die goldenen knöpfe musste ich durch schwarze ersetzen. Unauffällig muss das haus aussehen.»[18]

Das Gebäude schützt den Menschen, indem es eine nach aussen gerichtete Maske zur Verfügung stellt, die Privatheit erzeugt und bewahrt. In «Heimatkunst» schrieb Loos 1914: «Das haus sei nach aussen verschwiegen, im inneren offenbare es seinen ganzen reichtum.»[19] Der «Reichtum» der Innenräume ist eine Art Luxus, der vor der Öffentlichkeit verborgen wird; ein Reichtum an Materialien, Farben und Sinnenlust, aber auch ein Reichtum der Seele, des privaten Lebens der Gedanken, Träume, Fantasien, von Sexualität und Perversionen – aus allem, was gegen das Eindringen von Polizei, Presse und öffentlicher Moral verteidigt werden muss.

Bei Loos' gesamter Architektur geht es um die Konstruktion und den Schutz dieses Innenlebens. Das Gebäude unterstützt die Kleidung, wird sogar zu einer Form von Kleidung. In seinem Aufsatz «Das Prinzip der Bekleidung», der einen eindeutigen Bezug zu Gottfried Sempers Theorie von der Architektur als Bekleidung[20] besitzt, heisst es: «Der künstler aber, der *architekt*, fühlt zuerst die wirkung, die er hervorzubringen gedenkt, und sieht dann mit seinem geistigen auge die räume, die er schaffen will. Die wirkung, die er auf den beschauer ausüben will.»[21] Der wichtigste Effekt, der Architektur zur Wirkung bringt, betrifft die Sinne. Loos stellte die körperliche Erfahrung des Raums über die mentale Ausformung: Der Architekt fühlt zunächst den Raum, dann visualisiert er ihn. Für ihn ist Architektur eine Art Verkleidung, es sind aber nicht die Wände, die verkleidet sind. Die Konstruktion spielt nur eine sekundäre Rolle. Sie dient lediglich dazu, die Verkleidung an ihrem Ort zu halten:

> Der architekt hat etwa die aufgabe, einen warmen, wohnlichen raum herzustellen. Warm und wohnlich sind teppiche. Er beschliesst daher, einen teppich auf den fussboden auszubreiten und vier aufzuhängen, welche die vier wände bilden sollen. Aber aus teppichen kann man kein haus bauen. Sowohl der fussteppich wie der wandteppich erfordern ein konstruktives gerüst, das sie in der richtigen lage erhält. Dieses gerüst zu erfinden, ist die zweite aufgabe des architekten.[22]

Es fällt einem schwer, nicht an Lina Loos' Schlafzimmer zu denken, bei dem der gesamte Raum von einer Hülle aus weissen Textilien gebildet wird, die von leichten Stützen herabhängen – wie bei einer für die Vorstellung vorbereiteten Theaterkulisse. Das Gebäude weicht hinter diese Umhüllung zurück. Wände, Fussboden und Fenster sind teilweise sichtbar, aber bedeckt. Loos stellt den Akt des Verhüllens zur Schau. Die Konstruktion lässt er in den Hintergrund treten, um einen Raum für die Aufführung zu schaffen, die das tägliche Leben zeigt, nicht Kunst. In der Beilage *Das Andere* beschrieb Loos einige Familiendramen, um deutlich zu machen, dass das Haus kein Kunstwerk ist, wie die Gestalter von Secession und Jugendstil törichterweise verkündeten:

> Schildert einmal, wie sich Geburt und Tod, wie sich die Schmerzensschreie eines verunglückten Sohnes, das Todesröcheln einer sterbenden Mutter, die letzten Gedanken einer Tochter, die in den Tod gehen will, in einem Olbrichschen Schlafzimmer abspielen und ausnehmen.
>
> Ein Bild nur greift heraus: Das junge Mädchen, das sich den Tod gegeben. Lang hingestreckt liegt es auf der Diele des Fussbodens. Die eine Hand umklammert noch krampfhaft den rauchenden Revolver. Auf dem Tische ein Brief. Der Absagebrief. Ist das Zimmer, in dem sich das abspielt, geschmackvoll? Wer wird danach fragen? Wer *darum* sich kümmern? Es ist ein Zimmer, basta!
>
> Aber wenn der Raum von Van der Velde eingerichtet ist? Dann ist's eben *kein* Zimmer.
> Dann ist es — — —
> Ja, was ist es dann eigentlich? — — —
> Eine Blasphemie auf den Tod![23]

Die Architektur darf nicht in einen Wettstreit mit den Dramen treten, die sich darin abspielen. Architektur darf keine Performance sein. Ein dramatischer Raum ist kein Raum. Er ist eine Beleidigung.

TATORT

Und was ist mit der Fotografie, der einzigen, die im *Anderen* publiziert wurde? **Abb. 14**

Eine Ladenfassade, auf der der Name Joh. Exinger steht und vor deren Eingang eine tote Kuh liegt, die perfekt auf die Architektur ausgerichtet ist, die Beine im rechten Winkel zum Körper. Das Geschäft ist aus dem 18. Jahrhundert, mit seiner abstrakten Schlichtheit und Farbgebung aber immer noch modern. Die Besitzer haben der Versuchung widerstanden, es zu «modernisieren». Der Laden könnte sich in England befinden, dem Musterland alles Korrekten. «Aha, wird der Leser sagen, der das nebenstehende Bild betrachtet, das ist so ein englischer Laden in einer alten englischen Stadt. In Chester oder in Stratford on Avon. Wie aus einem alten englischen Blatte herausgeschnitten. Der Leser irrt sich. Das ist eine Wiener Aufnahme, aus dem Herzen der Stadt.»[24] Nachdem er alles Österreichische verdammt hatte, fand Loos nun endlich etwas, was er rühmen konnte. Das perfekte Bild einer unaufdringlichen Maske für die Strassenansicht eines Familienbetriebs. Allerdings würde sie bald verschwinden. Das Geschäft sollte abgerissen werden, und Loos setzte sich für seine Erhaltung in einem Museum ein.

Aber was ist mit der Kuh? Das Bild erinnert an Eli Lothars *Slaughterhouse* (1930), das in Georges Batailles surrealistischer Zeitschrift *Documents* publiziert wurde. Es zeigt mehrere Kuhbeine auf einer Strasse, die fein säuberlich an einer Wand aufgereiht sind **Abb. 15**. Loos' Vorstellung von der unauffälligen Maske weist zugleich auf eine tief greifende Bedrohung im Inneren hin. Sein Interieur hat einen Anflug von Gewalt und Perversion. Die ach so diskrete Maske auf der Aussenseite verschleiert alle Formen der Indiskretion. Das Innere wird zu einem Raum ohne Grenzen. Loos forderte Schicklichkeit und das Einfügen in die Gesellschaft im Äusseren, verteidigte aber alle von der Gesellschaft für anstössig gehaltenen Dinge, die sich im Innenraum abspielten. Er trug seine Faszination für das Verbotene zur Schau – in der Hoffnung, skandalös zu wirken.

Das Plakat, mit dem für *Das Andere* 2 geworben wurde, konnte von niemandem in Wien übersehen werden:

- Über den Gebrauch des Klosettpapiers
- Modern oder sezessionistisch?
- Abendländische Reste in Wien
- Geschlechtsverkehr oder Masturbation? **Abb. 16**

Die Frage nach dem angemessenen Stil für unsere Zeit ist zwischen Toilettenpapier und Masturbation eingequetscht. Loos verteidigte beides nachdrücklich. Er verspottete diejenigen, die gegen Masturbation sind, und betrachtete Toilettenpapier als ein Kennzeichen der westlichen Zivilisation. Seiner Meinung nach ist «80 Prozent der Bewohner Österreichs [...] der Gebrauch des genannten Papieres vollständig fremd. [...] Jeder Offizier, der bei der Truppe dient, kann Ihnen das bestätigen.»[25] Loos fühlte sich häufig vom Skatologischen und von allem angezogen, was repressiv behandelt wurde; er widmete sich den peinlichen Dingen, um Anmassung und falsche Moral blosszustellen. Sein Hauptthema war die Gefährdung der Familie. Er erzählte eine Geschichte nach der anderen und entlarvte die Heuchelei von Staat, Presse und Polizei, die sich moralisch entrüsteten über Kinder, die auf den Strassen missbraucht wurden und Geschlechtskrankheiten bekamen, während die Behörden beim Schutz der Schwachen versagten. Als Reaktion auf die kurz zuvor aufgekommene Empörung über ein junges Mädchen, das Syphilis hatte und Mitbewohner in einer Pension ansteckte, und die damit verbundene Forderung, dass Kinder bei ihren Familien bleiben sollten, stellte Loos die Familie als Tatort dar:

> Sehen wir uns diese Familie näher an. Ein Zimmer. Vater, Mutter und so und so viel Kinder. In dem Zimmer wird gekocht, gegessen und geschlafen. Abends und im Laufe der Nacht kommen die Schlafburschen und die Schlafmädel.
> Es gibt Leute, die sich darüber herumstreiten, ob und wann die Kinder über die Funktion der Fortpflanzung aufgeklärt werden sollen. Für das Proletariat sind solche «Fragen» Blech. Mit den Funktionen der Fortpflanzung werden die Kinder genau so bald vertraut gemacht wie mit den Funktionen der Verdauung. Wohl besteht ein kleiner Unterschied. Während nämlich Vater und Mutter, Schlafburschen und Schlafmädel doch das Gefühl haben, die *letzteren* Funktionen den Augen der Kinder zu entziehen, fällt diese Schamhaftigkeit bei den ersteren Funktionen vollständig weg.[26]

Die moralischen Grenzen, die in der Öffentlichkeit verkündet werden, lösen sich im Innenbereich auf. Die Kinder des Proletariats waren wiederholt ein Anlass zur Sorge für Loos. Im Widerspruch zur Wiener Polizei, die Kinder davon abbringen wollte, auf der Strasse zu arbeiten, dabei aber ignorierte, dass sie auch zu Hause arbeiteten (wo sie «die ganze Nacht Papiersäcke kleben oder Zahnstocher schneiden, während sich der Schlafbursche mit dem Schlafmädel vergnügt»[27]), führte er als Beispiel die amerikanischen Zeitungsjungen an und sagte: «Es gibt keine Gefahren der Strasse. Die steht unter dem Schutze der Öffentlichkeit. *Es gibt nur eine Gefahr der Familie*.»[28] Die Familie ist der unsicherste Ort überhaupt.

MASTURBATION

Was so lautstark verdammt wird, ist auf jeden Fall nicht so schlimm, wie in all den repressiven Vorträgen behauptet wird. Loos schrieb im *Anderen*:

> Die Ärzte sagen, dass Lues in der Kindheit lange nicht so gefährlich sei als im reiferen Alter. Und die Psychologen sagen, dass die Masturbation zu Zweien lange nicht so schädlich auf den Charakter wirkt wie die allein. Ich glaube fast – das Proletariat ist auf alle Fälle besser daran — — —[29]

Aber nicht nur die Kinder des Proletariats waren Loos Anlass zur Sorge. Anlässlich des aufsehenerregenden Prozesses gegen einen Privatlehrer, der ein ihm anvertrautes Kind wegen Masturbierens totgeschlagen hatte und mit einem milden Richterspruch zu acht Jahren Gefängnis verurteilt wurde, schrieb er:

> Zum Prügelprozess in Bayreuth. Namen von Personen, vor denen anständige Menschen auszuspucken haben:
> Kommerzienrat *Rudolf Koch,* Direktor der Deutschen Bank. Die Frau dieses, Frau *Rosalie Koch.* Rittmeister a. D. *Bugge,* deren Schwiegersohn. Dr. med. *Vogt,* Direktor des neobiologischen Universitäts-Laboratoriums. *Sämtlich in Berlin.*[30]

Die Moralisten sind die wahren Kriminellen.

PÄDOPHILIE

Das Andere wurde 1904 eingestellt, weil Loos eine wichtige Bauaufgabe erhielt, und zwar für die Villa Karma am Ufer des Genfer Sees. Auftraggeber war Dr. Theodor Beer, ein Psychiater, Fotograf, Professor an der Universität Wien und Autor, der auch zur *Neuen Freien Presse* beigetragen hatte. Der dringliche und schwierige Auftrag wird von einigen Historikern als Grund für das Ende der Publikation angesehen. Aber auch die Arbeit an der Villa Karma wurde eingestellt, als der Besitzer, Dr. Beer, inzwischen ein Freund von Loos, der Pädophilie angeklagt wurde und zuerst in die Schweiz, dann nach England und in die USA floh, um einer Untersuchungshaft zu entgehen. Er ersuchte Loos, seine Freunde um Unterstützung zu bitten. Karl Kraus engagierte sich nachdrücklich auf den Seiten der *Fackel* und bestand auf der Trennung von privater Moral und Gesetz, nannte den Fall einen «Schandprozess», dem «halbverstandene Kinderworte» zugrunde lägen.[31] Loos und Altenberg standen Beer ebenfalls bei, und Loos sagte im Prozess aus.

Lina Loos, die mehrere Monate in der Villa Karma lebte, unterstützte Beer nicht und liess sich mit ihrem Mann auf einen Streit in dieser Sache ein. Kurz darauf trennte sie sich von Loos; später wurde sie eine hoch angesehene Journalistin, die ihren Schwerpunkt auf soziale Gerechtigkeit und die Rechte der Frauen legte. Beer kehrte 1905 nach Wien zurück, wo er zu drei Monaten Gefängnis verurteilt wurde. Sein Titel wurde ihm aberkannt. Er vermied die Gefängnisstrafe durch Zahlen einer Kaution. Seine Frau nahm sich einige Monate danach das Leben.

Merkwürdigerweise hatte Beer zwei eiserne Truhen mit belastendem Beweismaterial – Fotografien von Kindern – zur Aufbewahrung an Loos gegeben. Dies führte zu einer bemerkenswerten Geste seitens des Architekten. Er renovierte seine Kaminecke und nahm die horizontalen, neben der Feuerstelle befindlichen Ziegelsteinanbauten weg. Wie auf einem Foto von 1903 zu sehen ist, hatten er und Lina sie genutzt, um einander gegenüber nahe am Feuer zu sitzen **Abb. 17**. An ihrer Stelle brachte er nun die beiden Behälter unter. Sie sind auf dem berühmten Foto seiner Wohnung zu sehen ist, das Jahre später veröffentlicht wurde **Abb. 18**. Ein weiteres Mal ist hiermit ein sehr persönliches Geheimnis in die Öffentlichkeit getragen worden. Über 20 Jahre lang rahmten nur die Kisten seine Kaminecke. Die einzige Fotografie von Loos in seiner Wohnung zeigt ihn vor dem Kamin und den beiden geheimen Kisten, als wollte er sie bewachen. **Abb. 19**.

Als Loos selbst der Pädophilie bezichtigt und am 5. September 1928 verhaftet wurde, fand die Polizei die belastenden Truhen, obwohl seine treue Haushälterin Mitzi Schnabl sie noch zu verstecken versuchte, bevor die Polizei ankam. Sein Versuch, sich in einem Zeitungsinterview zu verteidigen, warf mehr Fragen auf, als beantwortet wurden.

> Die Bilder, die man bei mir gefunden hat und mit meiner gegenwärtigen Affaire in Zusammenhang bringen will, habe ich vor fünfzehn Jahren von einem Literaten, der damals gestorben ist und nicht gewünscht hat, dass man sie in seinem Nachlass findet, in einem versiegelten Päckchen geschenkt bekommen. Ich möchte gleich betonen, dass Peter Altenberg, mit dessen Nachlass ich überhaupt nichts zu tun hatte, dieser Literat nicht gewesen ist. Wenn ich wirklich Sammler von Bildern dieser Art wäre, so würde ich in den fünfzehn Jahren neue Exemplare hinzugefügt haben. [...] Vielleicht war es ein Fehler von mir, die Bilder nicht verbrannt zu haben.[32]

Es ist interessant, dass Loos das Bedürfnis hatte, klarzustellen, dass der Besitzer der Fotografien nicht sein verstorbener Freund Peter Altenberg war, der Jahre zuvor ebenfalls wegen Pädophilie angeklagt worden war. Loos wurde am vierten Tag nach seiner Verhaftung gegen eine Kaution von 20 000 Schilling, die von einer Gruppe von Freunden zusammengetragen worden war, freigelassen. Einige Wochen später wurde er dafür verurteilt, dass er Kinder, die für ihn Modell gestanden hatten, unangemessen berührt und dazu gezwungen hatte, ein Bad zu nehmen. Das Gesetz sah eine Strafe von einem bis zu fünf Jahren vor, Loos wurde aber nur zu vier Monaten Gefängnis verurteilt. Er berichtete später, dass ihm erlaubt wurde, seine eigene Bettwäsche zu benutzen, und dass das Bett nicht so schlecht gewesen sei. Er habe schon in schlechteren geschlafen.

Noch einmal – der Moralist als Krimineller. Worauf es hier ankommt, ist aber nicht das tatsächliche Privatleben von Adolf Loos – als ob wir da Einblick hätten –, sondern sein Bericht über sein Privatleben, der um Autobiografisches herum angelegt wurde, und was dieser zu seiner Zeit in der Entwicklung der sozialen und baulichen Normen bedeutete.

DAS SICH SELBST DEMONTIERENDE PRIVATLEBEN

1926 hielt Loos am 17., 22. und 25. Februar sowie am 8. März vier Vorlesungen auf Deutsch an der Sorbonne in Paris. Die Reihe trug den Titel «Der Mensch mit den modernen Nerven» und widmete sich der Frage, wie man sein Leben angemessen lebt – wie man gehen, sitzen, sich hinlegen, essen, schlafen, sich kleiden und wie man wohnen sollte **Abb. 20**.

Im Wien der Jahrhundertwende ging alles um «die Nerven», und Loos' Schriften sind voller Hinweise auf die Nerven: Wir haben nicht mehr die Nerven für Essen, Kleidung, Dekoration usw. wie in vergangenen Jahrhunderten. Der moderne Mensch besitzt eine komplett neue Ausstattung mit völlig anderen Empfindungen. In «Ornament und Verbrechen» (1910) erwähnt er sein «grauen» angesichts dekorierter Tiere in kulinarischen Auslagen, insbesondere wenn er daran denkt, er müsse «diese ausgestopften tierleichen essen. Ich esse roastbeef.»[33] Denselben Ekel empfand er gegenüber jeder exzessiven Ornamentierung, ob auf Speisen oder an Architektur: «Wir sind feiner und edler geworden. Uns fehlen die robusten nerven, die dazu gehören, um aus einem elfenbeinhumpen zu trinken, in den eine amazonenschlacht eingeschnitten ist. [...] Unsere tempel sind nicht mehr wie der Parthenon blau, rot, grün und weiss angestrichen. Nein, wir haben gelernt, die schönheit des nackten steines zu empfinden.»[34]

Die Ablehnung des Ornaments ist keine ästhetische Theorie, sondern eine physiologische Reaktion, wie Loos es 1919 formulierte, als er die englische Militäruniform als Grundlage für moderne Kleidung diskutierte: «Die Nerven des modernen Menschen rebellieren gegen die Forderung, zwanzig, fünfzig oder hundert Jahre zurückzugehen.»[35] 1921 behauptete er, dass die gesamte Biologie des Menschen sich weiterentwickelt habe, um dem modernen Menschen eine komplette neue Nervenausstattung zu verschaffen.[36] Und in «Ornament und Erziehung» schrieb er 1924: «Der moderne mensch mit den modernen nerven braucht das ornament nicht, im gegenteil, er verabscheut es. Alle gegenstände, die wir modern nennen, haben kein ornament. Unsere kleidung, unsere maschinen, unsere lederwaren und alle gegenstände des täglichen gebrauches haben nach der französischen revolution kein ornament mehr.»[37]

In seinem berühmten Aufsatz «Karl Kraus» zitierte Walter Benjamin Robert Scheu, den Bruder von Gustav Scheu (für den Adolf Loos 1912 ein umstrittenes Haus in Wien baute):

> «Kraus», schreibt Robert Scheu, «hatte einen grossen Gegenstand entdeckt, der nie zuvor die Feder eines Publizisten in Bewegung gesetzt hat: Die Rechte der Nerven. [...] Er wurde der Anwalt der Nerven [...] aber der Gegenstand wuchs ihm unter den Händen, er wurde zum Problem des Privatlebens. Es ist zu verteidigen gegen Polizei, Presse, Moral und Begriffe, schliesslich überhaupt gegen den Nebenmenschen, immer neue Feinde zu entdecken, wurde sein Beruf.»
>
> In der Tat, das Privatleben gegen Moral und Begriffe zu sichern in einer Gesellschaft, die die politische Durchleuchtung von Sexualität und Familie, von wirtschaftlicher und physischer Existenz unternommen hat, in einer Gesellschaft, die sich anschickt, Häuser mit gläsernen Wänden zu bauen, deren Terrassen sich tief in die Stuben hineinziehen, die nun schon keine Stuben mehr sind – diese Parole wäre die reaktionärste, wäre es nicht gerade dasjenige Privatleben, das im Gegensatze zum bürgerlichen dieser gesellschaftlichen Umwälzung streng entspricht, mit einem Worte, das sich selber abmontierende, sich selber offenkundig gestaltende Privatleben der Armen, wie Peter Altenberg, der Aufwiegler, wie Adolf Loos einer war.[38]

Robert Scheu verfasste 1909 – im selben Jahr, in dem er über Kraus schrieb – in der *Fackel* auch einen Artikel über Loos. Das Haus, das dieser für Scheu entwarf, hatte übrigens radikal konstruierte Terrassen und löste in Wien einen eigenen Skandal aus. Es wurde, wie Loos es formulierte, kritisiert, weil «eine solche Bauweise wohl für Algier, nicht aber für Wien geeignet wäre» **Abb. 21**.[39] Anlass hierfür waren die grossen Terrassen vor den Schlafzimmern im ersten und zweiten Stockwerk. Einmal mehr beging Loos eine Provokation im Grenzbereich zwischen dem Intimen und dem Öffentlichen.

Benjamin brachte Loos irrtümlicherweise häufig mit Glasarchitektur in Zusammenhang. Nichts hätte Loos ferner gelegen. Er war aber chirurgisch präzise, wenn es um die Demontierung des Privaten von innen heraus und um dessen entschiedene Verteidigung gegen den zudringlichen Blick der Behörden ging. Das Innere war neuerdings verletzlich geworden – wie auch das nervöse Individuum, das der Psychoanalyse unterzogen, oder der empfindliche Körper des Tuberkulosekranken, der von Röntgenstrahlen durchdrungen wurde. Jeder wurde zum Kind oder Patienten, der in Watte zu packen war. Es wirkt, als wären die neuen Nerven so neu, dass das moderne Individuum gerade erst zur Welt gekommen wäre und einen Inkubator benötigte, um zu überleben und die nötige Kraft zu gewinnen. Loos' Architektur ist ein Inkubator.

Loos selbst war fragil. Er litt zeit seines Lebens an zahlreichen nervösen und körperlichen Erkrankungen. Er hatte Magenkrebs und musste sich wiederholt grossen Operationen unterziehen. Er war von Geburt an schwerhörig und wurde schliesslich völlig taub. Gegen Ende seines Lebens ging er freiwillig in das Sanatorium in Kalksburg, das von dem Psychiater Dr. Schwarzmann, mit dem er befreundet war, geleitet wurde. Dort verstarb er.

Das Andere ist ein Überlebenshandbuch für den verletzlichen Menschen mit modernen Nerven. Und dieser Mensch ist kein anderer als Loos selbst. Alle von ihm erzählten Geschichten sind autobiografisch, ob er dies nun erwähnt oder nicht. Wenn er über Klempnerei schreibt, ist es aufschlussreich zu wissen, dass er in New York als Installateur arbeitete. Er konstatiert, dass der Gehilfe des Friseurs seine Kleidung entsprechend wählt, weil er als Graf durchgehen möchte, dass ein Graf sich aber niemals so anziehen würde, dass man ihn für den Gehilfen eines Friseurs halten würde – und später erfahren wir von Richard Neutra, dass Loos tatsächlich in einem kleinen Laden an der 14th Street in New York als Hilfskraft bei einem Friseur arbeitete. Er schreibt über die Schneiderei, und wir entdecken, dass er in New York im Untergeschoss unter einem Schneidergeschäft wohnte. Weiterhin stellt sich heraus, dass Lina Loos Kundin des Wiener Wäschegeschäfts Tausky & Mandl war, für das im *Anderen* kostenlose Annoncen geschaltet wurden. Wenn Loos behauptet, dass 80 Prozent der Österreicher kein Toilettenpapier kennen, und Offiziere als Zeugen benennt, muss man wissen, dass er Militärdienst leistete. Er schreibt über Syphilis bei Kindern, und wiederum erfahren wir einige Zeit später, dass er als junger Mann unter dieser Krankheit gelitten hatte und zeugungsunfähig geworden war. *Das Andere* war nicht nur ein Versuch, den modernen Kunden zu entwerfen. Loos entwarf hier auch sich selbst.

1 Adolf Loos, «Architektur» (1910), in: Ders., *Sämtliche Schriften in zwei Bänden,* Bd. 1, hg. v. Franz Glück, Wien/München 1962, S. 315.
2 Adolf Loos, *Das Andere,* Nr. 1, S. 1.
3 Walter Benjamin, «Illuminationen», in: ders., *Gesammelte Schriften,* Frankfurt 1991, Bd. 2, S. 343.
4 Claire Loos, *Adolf Loos privat,* hg. von Adolf Opel, Wien/Köln/Graz 1985, S. 42. Erstpublikation Wien 1936.
5 Die Zeitschrift *Die Fackel* wurde von Karl Kraus 1899 begründet. In den ersten Jahren gab es zahlreiche Mitwirkende, darunter Adolf Loos und Peter Altenberg. Nach 1911 war Karl Kraus alleiniger Verfasser der meisten Ausgaben der *Fackel*.
6 *Kunst,* Nr. 4 (1903), S. 10.
7 Adolf Loos, «Das Leben», in: *Die Zukunft*, Berlin, 30. Januar 1904, S. 202 f.
8 Richard Neutra, «Ricordo di Adolf Loos», in: *Casabella* 233, November 1959, S. 46.
9 Adolf Loos, «Die herrenmode», «Die herrenhüte», «Die fussbekleidung», «Wäsche» und «Damenmode», in: «Ins Leere gesprochen (1897–1900)», in: Loos 1962. Hierbei handelt es sich lediglich um eine Liste der Artikel aus dieser Periode, die sich explizit mit Modethemen befassen. Hinweise auf Mode finden sich auch in vielen anderen Beiträgen.
10 Georg Simmel, «Die Grossstädte und das Geistesleben», in: Th. Petermann (Hg.), *Die Grossstadt. Vorträge und Aufsätze zur Städteausstellung. Jahrbuch der Gehe-Stiftung Dresden,* 1903, S. 185.
11 Adolf Loos, *Das Andere,* Nr. 1, S. 8.
12 Georg Simmel, «Philosophie der Mode», in: *Moderne Zeitfragen,* Nr. 11, hg. von Hans Landsberg, Berlin o. J. (1905), S. 5–41, hier S. 14 und 13.
13 Adolf Loos, «Ornament und Verbrechen», in: Loos 1962, S. 288.
14 Adolf Loos, «Die Überflüssigen», in: Loos 1962, S. 269.
15 Arthur Schlesinger, *Learning How to Behave: A Historical Study of American Etiquette Books,* New York 1946.
16 Emily Post, *Etiquette in Society, in Business, in Politics and at Home,* New York 1922.
17 Adolf Loos, «Ornament und Erziehung» (1924), in: Loos 1962, S. 391, 395, 396.
18 Adolf Loos, «Architektur» (1910), in: Loos 1962, S. 312.
19 Adolf Loos, «Heimatkunst» (1914), in: Loos 1962, S. 339.
20 Loos kannte Sempers Theorien aus seinem Jahr an der Technischen Hochschule in Dresden, an der Semper zwischen 1834 und 1849 als Professor tätig gewesen war und wo er immer noch grosse Bedeutung hatte.
21 Adolf Loos, «Das prinzip der bekleidung» (1898), in: Loos 1962, S. 106.
22 Ebd., S. 105.
23 Adolf Loos, *Das Andere,* Nr. 1, S. 9.
24 Adolf Loos, *Das Andere,* Nr. 2, S. 2.
25 Ebd., S. 1.
26 Ebd., S. 3.
27 Ebd.
28 Ebd.
29 Ebd., S. 4.
30 Ebd., S. 5.
31 Karl Kraus, *Sittlichkeit und Kriminalität*, zit. in: Burkhardt Rukschcio und Roland Schachel, *Adolf Loos: Leben und Werk,* Wien/Salzburg 1982, S. 95.
32 «Gegen den Bürgerlichen Moralkodex», ein Gespräch mit Adolf Loos, *Neue Freie Presse,* 9. September 1928. Zit. in: Rukschcio/Schachel 1982, S. 339.
33 Adolf Loos, «Ornament und Verbrechen», in: Loos 1962, S. 280.
34 Adolf Loos, «Architektur» (1910), in: Loos 1962, S. 305.
35 Adolf Loos, «Die englische Uniform», in: *Neues 8 Uhr-Blatt*, 24. Mai 1919.
36 Adolf Loos, «Wohnen lernen!», in: *Neues Wiener Tagblatt,* Wien, 15. Mai 1921. Loos zitiert den Landschaftsarchitekten Leberecht Migge im Zusammenhang damit, dass Menschen moderne Nerven besässen.
37 Adolf Loos, «Ornament und Erziehung», in: Loos 1962, S. 392 f.
38 Walter Benjamin, «Karl Kraus», in: ders., *Gesammelte Schriften,* Frankfurt 1991, Bd. 2, S. 342.
39 Adolf Loos, «Scheu House, 1912», in: Yehuda Safran und Wilfried Wang (Hg.), *The Architecture of Adolf Loos. An Arts Council Exhibition,* London 1985, S. 50.

N° 1 VIENNA 1903 Price 20 h

THE OTHER

A JOURNAL FOR THE INTRODUCTION OF WESTERN CULTURE INTO AUSTRIA: WRITTEN BY ADOLF LOOS YEAR 1

TAILORS AND OUTFITTERS
GOLDMAN & SALATSCH

ROYAL AND IMPERIAL
COURT SUPPLIER
K. BAYER, SUPPLIER
TO THE ROYAL COURT

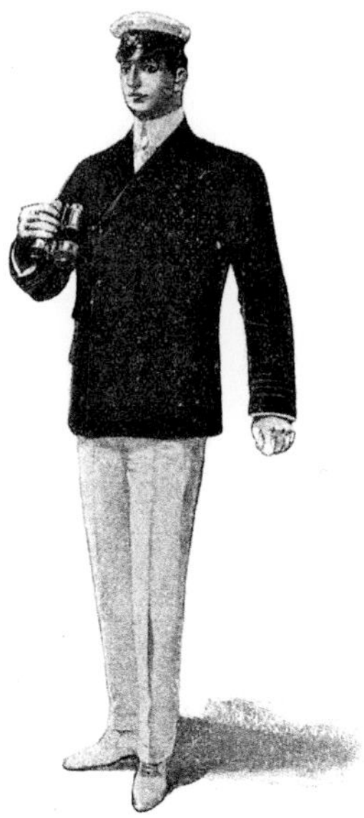

CHAMBER SUPPLIERS
His Imperial and
Royal Highness, the
Lord Archduke Josef,
etc., etc.

VIENNA, I. GRABEN 20.

CAFE
CASA PICCOLA
MARIAHILFERSTRASSE 1

FOLLOWING ART MAGAZINES ARE
@@ AVAILABLE: @@

Kunst [Art] @@@
Studio @@@
Conoisseur [sic] @@@
Kunst und Dekoration [Art and Decoration] @@@
Dekorative Kunst [Decorative Art] @@@
Kunstchronik [Art Chronicle]
Kunstwart [Art Guardian]
Zeitschrift f. bild. Kunst [Magazine of Fine Arts] @@
Pictorial Comedy @@@
Album @@@
Sketch @@@
Lady's Pictorial @@@
Black and White @@@
Vanity Fair @@@
Leslie's Weekly @@@
@@@ etc. etc. @@@

Friedrich Nagy
ENGLISH BOOT MAKER
WIEN I. WALLNERSTR. I.A. ECKE KOHLMARKT.

I recommend the following
MASTER CARPENTERS:

LUDWIG DEYER
Bedroom and study furniture
Vienna, V. Bachergasse 5, 2nd Floor

JOSEF KROPFREUTHER
Dining room and study furniture
Vienna, V. Siebenbrunnengasse 17.

EM. HUSSNIK
Study and dining room furniture
Vienna, XII. Griesofgasse 7.

GEORG SCHNEIDER
Painted hall and kitchen furniture
Vienna, XVI. Arnethgasse 74.

JOSEF VEILLICH
English furniture in the Chippendale and Sheraton styles for the dining room and the salon
Vienna, V. Siebenbrunnengasse 29.

ADOLF LOOS

Alexander Weigl's Newspaper
Clipping Company
"OBSERVER"
VIENNA, I. Concordiaplatz 4
Telephone no. 12801

Reads all outstanding journals of the world in German, French, English, and Hungarian, and sends its subscribers articles and notes (newspaper clippings) on any requested topic. Brochures free of charge and postage paid.

HALM & GOLDMANN
ANTIQUE BOOKSTORE
For science, art, and literature
VIENNA, I. BABENBERGERSTRASSE 5

Large stock of valuable works from every science.

Establishment of fiction and popular libraries.

Purchase of entire libraries and individual works from all branches of knowledge.

Will manage book and autograph manuscript auctions at reasonable conditions.

COXIN The new chemical for developing photographic plates and film rolls
without a DARKROOM
in daylight or artificial light is available in all relevant stores.

COXIN is not a colored developer.—COXIN does not require any new equipment and can always be used.

COXIN EXPORT COMPANY
Vienna, VII/2, Breitegasse 3.

MAX SCHMIDT, VIENNA, I. NEUER MARKT 6.
LARGE STOCK OF WALLPAPERS IN ALL STYLES, FROM THE CHEAPEST TO THE FINEST QUALITIES.

Largest selection of modern English wallpaper with matching 20–90-centimeter-wide wall friezes. Secession-style wallpaper and shelves. French and English leather wallpaper. ORIGINAL JAPANESE LEATHER WALLPAPER. ORIGINAL ENGLISH LINCRUSTA WALLPAPER AND SHELVES. Moldings. Plastic rosettes and ceilings. Wood and gold bars.

LONDON 1902
Grand Prix, Cross of Honor, and Great Gold Medal.

PARIS 1903
Diploma of Honor, Cross of Honor, and Great Gold Medal.

MY uncle is a watchmaker in Philadelphia, on Chestnut Street, between Eighth and Ninth Streets. The neighborhood is something like our Kärntner Strasse. When I visited him in America, he was living in a house on Park Avenue.

His wife, my aunt, is an American. She had a brother, Uncle Benjamin, who lived near the city and worked as a farmer.

I lived with my uncle. And one day they told me I should go visit Uncle Ben and Aunt Anna, his wife.

One of my many cousins joined me for the trip. We took the train and then walked for an hour to get there.

There were numerous villas along the way. Charming one-story houses with tower, gable, and verandas. Those were the farmhouses.

One of them belonged to Uncle Ben. We went in, and Aunt Anna was delighted to meet the "cousin from Europe." And from Austria even. She had been there two years ago, on a trip around Europe.

She wore a pleated calico skirt, a white blouse, and a white apron. She was a spritely and sweet childless elderly woman with parted hair. We were urged to sit down and eat something; she cooked and then served the oatmeal herself. Then we took off for the fields to look for Uncle Ben.

After a quarter of an hour, we saw an old man sitting in a field pulling up onions. He wore high boots, drill pants, a colored flannel shirt, and a hat like those worn by our swimming pool attendants. That was Uncle Ben.

* * *

Four weeks later, the cousin who had accompanied me on the visit to Uncle Ben died of typhus. All of my aunt's relatives were expected at the funeral. They would come in from all over the countryside to pay her dead nephew the last respects.

Two hours before the funeral, I was asked to drive into the city and buy some black mourning crepe.

When I got into the horse-drawn tram for the ride back, an elegant older lady in mourning greeted me. She addressed me directly and I was at a loss for what to say. I knew she must have mistaken me for someone else, because during my six-week stay I hadn't met a soul. And I tried to explain that to her in my broken English.

But she kept talking at me and finally—yes—by God, it was her! Aunt Anna! The farmer. The American farmer's wife.

I tried to excuse myself by pointing out her change in attire. Yes, she said, this dress also comes from Vienna; it's from Drecoll.

By the time we arrived, the funeral party had already gathered. I wouldn't have recognized Uncle Ben either. The top hat encircled with a high band of mourning crepe, the genteel frock coat and tight trousers which, by contrast with my own wide-legged pair (it was 1893), I considered unmodern. It was only later that I found out that he wasn't "still" wearing tight trousers but "already" wearing them. But it was good I didn't know that yet. Because I clung to those tight trousers. Otherwise, my European pride would have been mortally wounded.

* * *

In our parts, if you take the train for an hour, then walk for an hour and enter a farmhouse, you meet up with people who are stranger to us than people who live thousands of miles across the sea. We have nothing in common with them. We want to say something nice to them. They think we are teasing them. Then we make a ribald remark, say something improper, and are rewarded with a grateful smile. They dress differently, eat food that gives us the impression it might have come from the Chinese restaurant at a World Exposition, and celebrate their festivities in a way that satisfies our curiosity like a parade of Singhalese.

This is an ignoble situation. Millions in Austria are shut off from the blessings of culture. If our rural inhabitants would suddenly all demand the same social rights as the city dwellers, they would be treated like the Negroes in America. I have seen with my own eyes a farmer in leather trousers being refused service in a coffeehouse.

* * *

The human in possession of Western culture is able to adapt immediately to any culture that has a specific terrain, a specific activity, and a specific climate. Any Viennese can put on hobnailed boots, leather shorts, and a loden jacket when he's going to the mountains. But the mountain dweller can't don a frock coat and top hat when going into the city. Mind you, I said when going into the city. Because there are enough jokesters out there who will accuse me of demanding of the farmer that he work his fields wearing patent leather shoes, top hat, and frock coat.

* * *

The farmer is not taken seriously. Otherwise there wouldn't be so many people advocating the preservation of the old-fashioned folk dress. However, just as "charity begins at home," one can also by rights demand that these people would do better to carry out such aesthetic experiments on themselves. These gentlemen can be the first. But to insist that 80 percent of the Austrian population can be considered second-class citizens is unfair. I have never heard Jews in Western dress demanding that the Jews in Galicia should keep wearing caftans.

* * *

Someone once told me though that a man who can't cast off his leather trousers is easier to govern than one who knows how to exchange his leather trousers for a dress jacket. I would deny that.

How the State Cares for Us

The following recently took place in Vienna: A young boy had started peddling "planets." *[Evidently similar to lottery tickets—Trans.]* These are little slips of paper that help to spread stupidity. One hundred of them cost 10 hellers. But they can be resold for 2 hellers apiece. If successful, it's possible to make money with them. Since people tend to only buy these slips when drinking beer in the evenings, however, and the most buyers can be found in the Prater, the boy naturally runs around all night, probably not coming home until morning. Because he lives God knows how far out of the city. He can sleep quite well though in nearby mass lodgings for 15 kreuzers. And he can also eat his fill with the proceeds from two days, which he can't do with the 10 hellers his mother gave him. Something like this can of course happen all over the world. There are poor people everywhere. And everywhere there are people who would like to make 2 crowns from 10 hellers through trade. But in Austria this is not regarded as very genteel. Although it is not considered downright immoral either. Producing and increasing national wealth is not regarded as a very respectable occupation. And those who even go so far as to visit the stock market are called a name that almost sounds like an insult: *"speculator."*

On the other hand, there are countries—which are admittedly located far, far away from the Balkan States—where the businessman is highly regarded. The most gentlemanly among them visit the stock market, and when one of them even earns something in the process, which is viewed in our parts as the utmost in disgrace, he is invited to dine with emperors and kings. Different countries, different customs.

I think things are going too far, however, when I realize that I only became aware of the boy selling his planets in the Prater when I read his story in a newspaper, under the headline "City Slicker," and in another even with the headline "Degenerate Youth." Naturally in the "Courtroom Column." Apparently, even though it is unfortunately no longer possible to prohibit adults from doing such things, the state can at least see to it that *the poison of acquisitiveness* doesn't already corrode our delicate youths. Thank goodness there is also still "domestic punishment" to fill the breach. In this case, the mother evidently didn't apply it in sufficient measure, and for that reason she was justifiably sentenced to one week's arrest. What was she thinking, letting her son earn money? He should starve instead. That will toughen him up. That will steel him for the future. Albeit only his character.

And I begin to ponder and to dream. Totally nonsensical, impossible stuff. I dream myself back 50 years in the past. I see a bench in an American courtroom and a poor woman with a little boy holding her hand standing before it. And the voice of the judge rings out harshly: "You have committed a serious crime. You have allowed your son Thomas Alva to peddle magazines. That's the first step on the way to moral degeneration. I sentence you to one week in prison—Mrs. Edison!!"

What People Sell Us

I'm pleased to confirm that there's not a city in the world where you can dine as well as in Vienna. Whether I order a goulash in a suburban inn or a Boeuf à la Noël et Pattard at the "Bristol"—both are delicious and well prepared. Of which other city can that still be said? Nevertheless, the genuine Viennese will shake their heads in disbelief at this claim. They think you have to be very careful when choosing a restaurant. But then, when they go abroad they soon turn into cuisine patriots.

All of Austria deserves praise for its fine cuisine. Why, then, do Austrian restaurateurs cook so well?

Because the Austrians know a thing or two about cooking.

The Austrian restaurateur would surely rather work like his German colleague. A four-course menu for one mark. Cheap. And yet, you can earn more money that way. Because the German public eats what you put in front of them; they are satisfied, they pay, and they leave.

The Austrian, on the other hand, says: I will gladly do without the four courses. I'd be happy to pay the same amount for just one course. Because the four courses are worthless to me. I can't eat them. They are too poorly prepared for my taste.

The German, who knows nothing about cooking, can only shake his head.

I am less pleased to confirm that no country in the world produces goods of as high a quality as those from England.

Why do the English manufacturers produce such high-quality goods?

Because the English know a thing or two about goods.

We admittedly produce more cheaply in Austria. For the money an Englishman spends on a wallet, you can buy a wallet, a tie, a pair of gloves, and a cane in Austria.

And the Englishman says: I will gladly do without

— — —

The Austrian, who knows nothing about goods, can only shake his head.

* * *

In this section, I will try to train my audience to be connoisseurs. The producers of high-quality goods will bless my undertaking from the start, while the producers of shoddy merchandise will curse my name. What good is it when the upstanding producer, who invests his reputation in working with only the best in materials and using the best-paid workers, what good does it do him if his products are not understood? The constant remarks by members of the public that they can buy "the same thing" at X for half the price must in the long run be demoralizing for him. After all, he is a businessman and bears responsibility not only for his own well-being but also for the livelihoods of hundreds of others.

* * *

And yet, the purchaser of a good product will not take any pleasure in it if he notices that those around him are lacking in understanding of the material and workmanship. Not everyone enjoys being ridiculed as the victim of highway robbery. After all, people buy quality products not merely for their own sake but also in the hopes that these items will not be mistaken by others for shoddy goods that look somewhat similar.

Gold hallmarks for larger objects

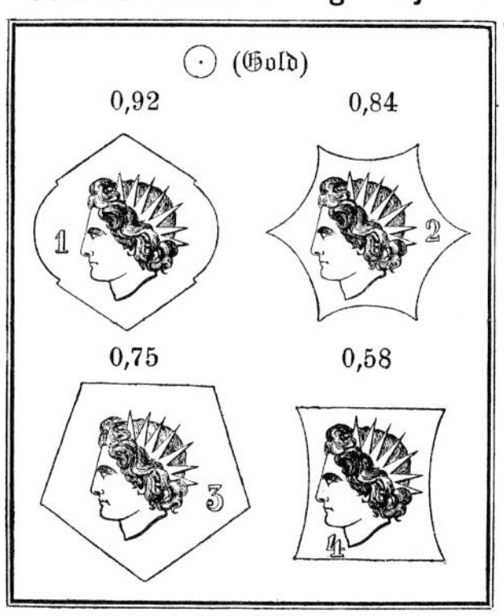

92 parts gold 22 carats
84 " 20 "
75 " 18 "
58 " 13 "

Silver hallmarks for larger objects

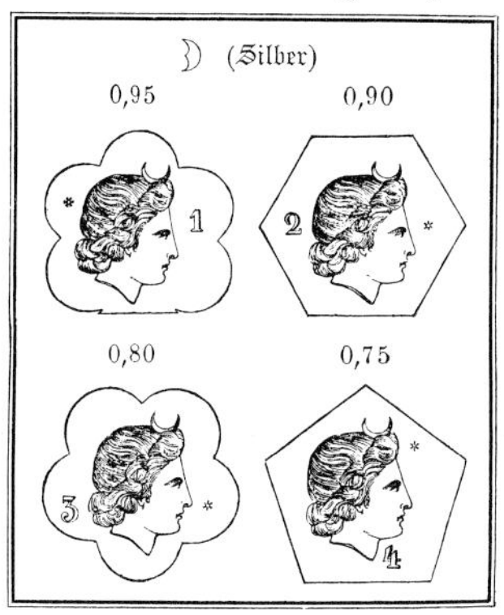

800 silver is most common;
750 silver tarnishes.

Gold hallmarks for smaller objects

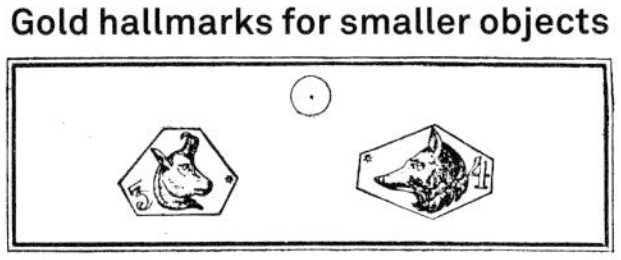

No. 3 18 carats
" 4 14 "

Silver hallmarks for smaller objects

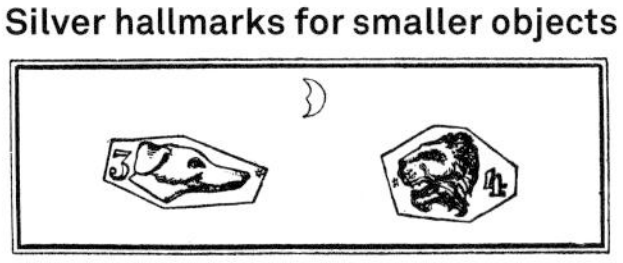

No. 3 80% silver
" 4 70% "

* * *

Fortuitous attempts have already been initiated. I need only call to mind the Viennese leather industry and the high art of the Viennese silversmiths. People found it understandable in this case that someone would spend money to indulge in fine materials and workmanship. No one was considered a fool for paying four times as much at Würzl for something that could be had in a downmarket shop for a fraction of the price. Then the Secession came along and ruined everything. Some trades were spared the eagle eye of the Secession. We can be thankful for the fact that the Ministry of Education has not yet put any "modern" artist in charge of classes in carriage construction, men's clothing, or shoemaking at the School of Applied Arts. These trades are hence still flourishing.

* * *

Is there possibly still an Englishman out there somewhere who can't tell the millesimal fineness of a gold or silver object just by looking at the hallmark?

The English hallmarks are large. One only need look at the English silver in the display windows at *Brooke* on Kohlmarkt. Our silver goods are surely just as good as the English ones. And yet there are people who gladly pay freight charges, customs fees, and the expensive English workmanship for the sake of having the big English hallmarks. And conversely, the large hallmark has yet to bother anyone. You might call this silly. But that's just the way it is. And the people in Chicago, in Calcutta, and in Yokohama think the same way as those in Vienna. Now, we have two kinds of hallmarks: ones for large and ones for small objects. The small hallmarks can only be identified with a magnifying glass. But the assay office does not leave the choice of hallmark up to the producer. Instead, the producer has to comply with the norm. This means that even men's canes with a large silver handle are furnished with the small hallmark.

* * *

Today, we are showing you the most important hallmarks in twelvefold linear enlargement. To protect our domestic industry and to boost exports, our silversmiths should demand the use of larger hallmarks. And it would also be a good idea if smaller items as well, for example the fittings on luxury leather goods, could also sport large hallmarks.

* * *

The company Rozet & Fischmeister has a ring on display in its right-hand shop window that fills me with great joy whenever I walk by. A large diamond is set in such a wondrously light, fine, and ingenious fashion that one feels deeply pleased to be living in a day when such noble work is possible. Only the mind of a goldsmith could come up with the idea to set a stone in a ring like that. I urge you to go there, gaze at it, and share in my delight. Everyone will recognize it instantly. *It* is modern. There is nothing to criticize in that respect. In any other era, and in the hands of a man not in possession of occidental cultivation, it could never come about. But there is no greater contrast than between the style of this ring and the works of the Secessionists. And they are supposed to be modern?!

What People Print

Our poster features an innovation. It is printed on wallpaper. I believe I have conquered new sales ground for the wallpaper industry here. People might take issue with some of the letters. The poster could not be produced through lithography and our poster workshops are not equipped for printing artistic posters. But if this idea were to catch on, our poster printers would bow to general demand and would have to buy good letters. People should not be put off by the Gothic capitals used in the headlines. KUNST [ART] and DAS ANDERE [THE OTHER] are admittedly hard to read. But a poster should only be read by those who are interested in it. Because otherwise it will fail to have an impact. The nearly illegible writing on a poster brought the Secession a half-column advertisement by Pötzl. When the Secession puts up posters, the whole city knows about it, and 100,000 readers of the "New Vienna Daily" [Neues Wiener Tagblatt] from outside the city know in one day that the Secession has opened its exhibition. That's sufficient.

What We Read

The Boers have long since made peace with the English government. Not the "East German Review" [Ostdeutsche Rundschau] though. The visit of the English king offered the newspaper a welcome opportunity to fire off another hearty round. At the English government perhaps? Oh no: at Edward the VIIth.

It is indeed possible that after the battles in Bosnia a stupid Muslim newspaper allowed itself the *nonsense* of using the expression Bosniak Killer when referring to our immortal Crown Prince. But to try to make our readership believe that the Boer War was staged only for the private enjoyment of the former Prince of Wales would be to severely underestimate those readers. This would not go down well in Turkey either. Because there, too, war and peace do not depend on the will of the Sultan but rather the will of the people. It's a different story with the Zulu kaffirs. A tribal chief need only develop a personal grudge against the members of another tribe and then anyone capable of wielding a weapon has to sally forth and shoot the others dead or get shot himself. I consider the expression "Boer Killer" incorrect as an epithet for Edward the VIIth and therefore inappropriate.

What We See and Hear

The King of England was in Vienna last week. In Vienna, the home of good taste. That's simply the truth, beyond question or interpretation. It is therefore incomprehensible why our city fathers approved a sum of 20,000 crowns for defacing our Ringstrasse in the most tasteless way imaginable. But since almost all the newspapers except for the "Workers' Paper" [Arbeiter-Zeitung] deemed this "decoration" (comes from décor = ornament) to be extremely tasteful, apparently expressing the sentiments of the majority of the population, I began to doubt the famous Viennese good taste. I don't know what the King thought about it. Perhaps it was to his liking because it was so utterly Viennese and had nothing English about it. On the other hand, however, it was reported to us that the King had the latest in *Viennese* folk music played for him in Marienbad, for example "Servus Březina," "Daisy," "Die Musik spielt" [The Music Plays], "Das Honigblümchen und die Bien'" [The Honeyflower and the Bee], "Der Stolz von Hernals" [The Pride of Hernals], "Susi mein Kind" [Susi, My Child] etc., etc. and voiced the highest of praise. These pieces were without exception popular Anglo-American melodies. That's why I'm wondering whether he might have been even more pleased to see fake English decorations.

* * *

After Edward, we are now expecting visits from the German Kaiser and the Czar. And then the city will get the dusty [Franz Karl] Bisenius decoration out of storage again. Wouldn't it perhaps be more appropriate to commission an artist with the task, for example the Secession? This is definitely something they are capable of. Over the years they have ideally solved the problem of mobile decoration at their exhibitions, using the simplest and cheapest of means. And if the folks from the Secession seem too dangerous to the gentlemen in City Hall, I would then refer them to the architect [Joseph] Urban, who represents a Secession somewhat tempered by tracing paper. But if that, too, should be too much, I would suggest that the gas or water supply engineer in charge of the decorative work obtain a few photographs of the London streets decorated for the coronation. Perhaps he will find a few ideas there. Perhaps he will also discover that only when the illustrator Limmer from the

Leipziger Illustrierte [Leipzig Illustrated] is on hand is the wind so good as to blow and fully unfurl the flags. But when the man is not there, then they hang down like mourning rags. Perhaps he will find out how festive it looks when the *white*-painted, brushwood-encircled masts are connected by way of wires from which thousands of pennants hang down. Or how good it looks when a giant vertical net is stretched across the entire width of the street and man-size canvas letters are attached to this net with a welcome greeting. I won't be so bold as to request that, like at the English coronation, a horizontal, flower-illed net be stretched over the street that opens at the very moment the procession drives through, showering the celebrants with a rain of blossoms. That would be asking too much. There's already too much idea in it.

NB. The brushwood in the English photographs is real and not made out of paper like ours. It might not be as beautiful to Viennese eyes, but it's cheaper.

———

Two flagpoles stand before the Künstlerhaus [Artists' House]. I apologize for not being at liberty to publish the name of the man who had the courage to set up these iron Mannesmann pipes without any old-fashioned or modern-like decor, just as they left the workshop. This was certainly a deed in a city where the same type of pipes used to suspend the overhead electricity lines are debased with grayish zinc studs and profiles, a deed in a city where our artists treat the products of our industry with contempt and where they have defaced the sidewalk outside the Heinrichshofe with their archaic lumps.

Proud, free, and lofty, the flagpoles rise up before the Künstlerhaus, attesting to our modern industry, attesting to the fact that they don't need any decorative gimmicks to arouse festive, joyful, and artistic effects in human hearts.

———

For years now, the newspapers have been reassuring us month after month that every program at the vaudeville theater exceeds "everything that went before." I do not share that opinion. The kind of backwardness that is evident in the performances offered, for example, over the past year is something we have never experienced to date in Vienna. The vaudeville programs were a scandal for a big city like this. In Nuremberg, in Elberfeld (I followed the programs in *Artist*) there were better shows on view in a single month than there were here in an entire year. Not one vaudeville number of European standing was among them. I was in Leipzig in May. *Pepi Glöckner* from our Volkstheater played the Viennese soubrette there at the Zentraltheater. And we are served up a *Rosa Bauer* instead. How do things look this year?

* * *

This month's program at the "Ronacher" is not as bad as the average program last year. It's nothing special, but it is funny. A violin-playing wunderkind is an annoyance. The Carters, a colored man and a white woman, parody in delightful fashion the men's glee club style with a rendition of "Menschen, Menschen san mer alle" [People, We're All People] for two voices. The colored man is a zesty fellow and a perfect comedian. The Meers are two high-wire artists of some standing, who try to gloss over the difficulty of their tricks with humor. That is classy. Otherwise, humor is usually nothing but a smoke screen for the insignificance of the acts. Mme. Dicka amusingly tries to translate the silly transformation images in living photographs into reality. The audience is captivated and exquisitely entertained. The obligatory Frenchwoman is this time named *Mme. Derminy.* She has a lovely figure and sings as her second number a charming chanson, "Nous aurons les hommes," which I would advise every music store to order. It deserves to be bought and sung.

* * *

The program at the Kolosseum is all the worse for that matter. The one good act by *Ida Fuller* cannot compensate for the mass of boring performances. And she, too, is only deserving of praise for her first dance. The pictures and colors projected onto her dress in the second dance are tasteless. The Women's Guard is a vulgar leg show; a German songstress sings a song of which I only remember the words: "Hab' den Hausherrn an der Strippe, ich regier' die ganze Sippe." [With the head of the house in my thrall, I'm now queen of them all."] And with the cinematographs you only end up ruining your eyes. The only touch of excellence is Mr. Waldemar with his acerbic satire on our crooks in the old song "Der Schurl von Hernals" [George from Hernals]. I think back wistfully on the September program we were treated to two years ago at the Kolosseum. It featured the Luisiana Guard—eight female Creoles—and the mimosa-like *Amelie Stone.* It has to be said, however, that the audience failed to comprehend what the directors were aiming at with this charming, graceful American. No one applauded. The best thing about the program is the cover.

———

How We Live

Questions of Etiquette

When I traveled ten years ago from Hamburg to America, I had an experience on the steamer that would guide me for the rest of my life.

There was another Austrian on board, a technician from a good family, a congenial young man. We sat at different tables in the dining room. He was surrounded by Americans. After a few days, there was a rumor that his neighbors had asked the captain to seat the young Austrian at a different table. It was impossible to eat alongside him. He had such horrible manners. He always licked his knife and therefore contaminated the salt that was meant for use by the whole table. And other things as well. So he was seated elsewhere. Among Germans. But they suddenly swelled with national pride. Whatever was not good enough for the Americans was certainly not something they were willing to tolerate. A man from Berlin therefore always grabbed the salt bowl after the unfortunate man had salted his soup, called the steward over and said in a loud tone, and always with a smug smile on his face: "Bring us a new salt! It has been contaminated again." Kind souls ostentatiously laid the salt spoon before the young man—but he didn't take any notice. And thus someone came to me and asked me to teach my countryman the niceties of table manners. He was an affable type. He didn't take offense. He blushed flame red and almost started crying. I was happy that I had lived in Dresden for a few years before my trip to America, where there are salt spoons even in the kind of restaurants frequented by students with meager funds. Otherwise, the same thing would have happened to me. After all, we don't have salt spoons in Austria.

At home, the Turk can eat his rice and meat dishes with his hands, the Austrian can use a knife to scoop up sauce. But if the Turk and the Austrian travel to the West, they then have to use a fork. You can gird yourself with all the pride of Austria or Turkey, but the English youth will still regard us with contempt. And the other sophisticated inhabitants of the West do not want to dine at the same table with us either.

There is a Young Turk movement. It stems from people who have lived in the West and now want to spread occidental customs in the realm of the sultans. Let us not wait until we are overtaken by them. The Japanese, for example, already surpassed us long ago. The young Japanese students in Vienna fulfill the imperatives of Western culture much better in our restaurants than do the Viennese citizens seated all around them.

This is just one example of many. Some Austrians—if I wanted to express it in a percentage, a negligible number would result—eat in a cultivated manner. But they don't have any answers for many other questions.

How should one celebrate? How to pay someone a visit? How should one issue invitations?

Whoever is in doubt about things, please write to me. I will reply to all letters to the best of my knowledge.

Clothing

How should one dress?

Modern.

When is one dressed in a modern fashion?

When one is least conspicuous.

I am not conspicuous. But then I travel to Timbuktu or Krätzenkirchen. And people stare at me. Because there I am *conspicuous*. Very. I therefore have to make a caveat. *One is dressed in the modern fashion when one is not conspicuous in centers of Western culture.*

I'm wearing brown shoes and a business suit. And I go to a ball. And again I get stared at. And therefore I have to make another caveat. *One is dressed in the modern fashion when one is not conspicuous in centers of Western culture on a SPECIFIC occasion.*

It's afternoon and I am glad I don't get noticed in my gray-striped pants, my frock coat, and my top hat. Because I am strolling in Hyde Park. Strolling and then suddenly I end up in Whitechapel. And I really stick out again. And therefore I have to qualify my statement even further. *One is dressed in the modern fashion only when one is not conspicuous in centers of Western culture on a specific occasion in the BEST company.*

Not all people meet these conditions. Because this is made very difficult for us. In England, everyone professes to be a part of Western culture. But here and in the countries of the Balkans, only the city dwellers do. That makes it difficult to do the right thing. The state itself also obliges us to make mistakes. Officials—and I am speaking for the time being of those who do not wear a uniform—are forced to hold their audiences and make their visits in such ridiculous dress that they cannot even walk down the street without being laughed at. In the morning, the tailcoat must be hidden by a topcoat from the mocking eyes of passers-by even in the heat of summer.

And so it goes in hundreds of different cases. Anyone in doubt should feel free to ask me. I will reply to all letters to the best of my knowledge.

* * *

From an old *American* comic magazine.

Tramp (in a torn frock coat, his toes hanging out of his shoes):

May I ask for a modest donation!

Housewife: Poor man! How you must suffer! Here you have a pair of my husband's old shoes.

Tramp: Madam! You don't seem to think me a gentleman, for you think me capable of wearing yellow shoes with a black frock coat.

The Home

Newspaper writers have tried over the past few years to bolster our courage for dealing with the tasteless productions of the modern artists. I will now try to give you courage to deal with your own instances of tastelessness.

Anyone who wants to learn to fence must himself take the rapier in hand. No one ever learned fencing by watching. And anyone who wants to create a home must himself determine what it should look like. Otherwise, he will never learn how. It may be full of mistakes. But they will be your own mistakes. Through self-discipline and lack of vanity, you will soon recognize these mistakes. You will change and improve.

Your home will be with you and you will be with your home.

Don't fear that your residence might lack good taste. People will always argue about what constitutes good taste. Who has the power to decide who is right?

In your *own* home, *you* are *always* right. Nobody else.

The spokesmen among the modern artists will tell you that they will furnish your dwelling according to your own individuality. That's a lie. An artist is only capable of furnishing residences in his *own* style. There are admittedly people who make the attempt—just as there are people who stick a brush into a pot of paint and paint a canvas to fit the tastes of the potential buyer. But we don't call them *artists.*

You are the only one who can furnish your home. Because that's what makes it your home in the first place. If someone else does it, whether a painter or a decorator, then it is not a home. It is at the most a series of hotel rooms. Or the caricature of a home.

When I enter such a residence, I always feel sorry for the poor people who have to spend their lives there.

So that's the backdrop that these people have chosen to create for the small pleasures and the great tragedies of life?—That's it?

Oh, these homes fit you like a Pierrot costume from the rental shop!

May the serious side of life never affect you and make you become aware of your borrowed rags!

Your boasting and preening under the fashionable names of the applied artists will die away under the brazen steps of fate.

Out with your fine feathers, you who would try to represent people and their souls! Depict for once how birth and death, how the cries of pain of a son killed in an accident, the death rattle of a dying mother, the last thoughts of a daughter planning her suicide play out and are showcased in a bedroom designed by Olbrich.

Just think of this one image: the young girl who has surrendered to death. There she lies, stretched out on the hallway floor. One hand still convulsively clutching the smoking gun. On the table a letter. The rejection letter. Is the room in which this scene takes place in good taste? Who would ever ask such a thing? Who cares? It is a room, basta!

But what if the room was furnished by Van der Velde? Then it is *not* a room.

Then it is — — —

Well, what is it actually? — — —

A blasphemy of death!

May you always suffice yourself with the small pleasures!

* * *

Anyone who wants to learn to fence must himself take the rapier in hand!

And if someone wants to learn fencing, he also needs a fencing teacher. *He must be good at it.* I want to be your home furnishing teacher. Your home is full of mistakes. You want to change some things in it. Just ask me and I will give you information. All inquiries concerning your home will be answered in this journal.

You want to have a room re-wallpapered and aren't sure what color?

You want to paint the windows and doors of a new apartment?

You want to know the best way to arrange your old furniture in your new home?

Whether it is acceptable to place a basket armchair in the living room?

If it is correct to do *this* or *that?*

Send us color samples, fabric swatches, and wallpaper, send floor plans and drawings. If you want them back again, please include the necessary stamps. I will answer all questions to the best of my knowledge.

Our competitions

We will also be holding competitions on these pages.

These competitions are not for artists. They are only for manufacturers and craftsmen.

It is only from working, creative people that I expect to see a recovery of the conditions in trade, an elevation of culture and taste.

No one can help you men in the workshop but yourselves.

You're intimidated, have no courage and no power, you have stood too long under the tutelage of architects and draftsmen.

A competition like this one will show you how much taste and inventiveness can be found in *your* workshops. Don't look over your shoulder or sideways, not to past centuries or to designs by other artists. *You master craftsmen, assistants and apprentices, look inside yourselves.*

The first competition is intended for cabinetmakers. The most distinguished aristocratic circles of Vienna will appraise your work. *They are the ones* you should work for. It would be an idle question to investigate whether the aristocrat has more taste than the common citizen. We must simply accept the fact that the hairdresser's assistant will be guided in his choice of outfit by his efforts to be taken for a count, whereas I have yet to see a count who dressed in order to be taken for a hairdresser's assistant.

This trait, common to all people, has resulted in the continuous rise of civilization since the beginning of the human race.

And what applies to the tailor's industry also applies to every craft.

The fact that the work that most closely suits aristocratic tastes is always preferred gives both you, the producers, and you, the buying public, an advantage in that you both now know what you should produce and what you should buy.

No prizes will be awarded. The opportunity to exhibit and sell the works in a new art salon will be reward enough for the hardworking among you.

Competition for Cabinetmakers.

A competition will be held for a cartonière, an open stationery box.

The conditions are as follows:

1. The box must conform exactly to the specified form and dimensions. Dimensions that are not specified (wood thicknesses, etc.) are left up to the producer's discretion.
2. To be submitted are not the drawings but rather *the executed objects.*
3. The choice of wood, the finishing (matte or polished), the decor (intarsia lines or ornaments), and the curves are left to the discretion of the producer.
4. *An audience* made up of members of Vienna's most distinguished society *will be invited to choose the best works.* Each invitee is entitled to choose *one* box as the most beautiful. The work that receives the most votes wins. The number of votes received by each work will be noted on its label in the exhibition.

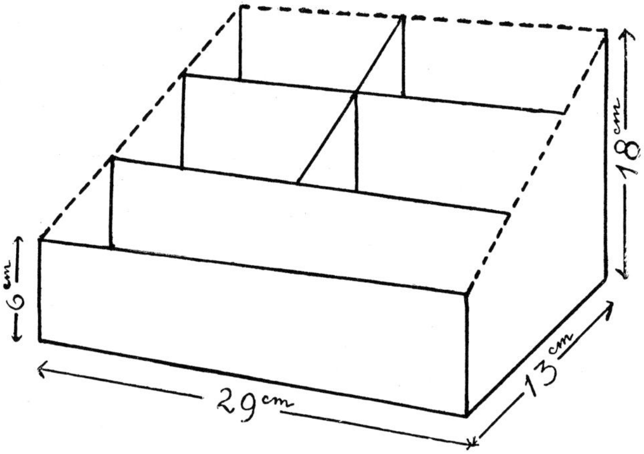

Perspective sketch of the stationery box.
The dotted lines may also be curves. The dimensions are measured externally. A base profile is allowed to project beyond these limits.

5. The selection will take place no later than *eight days after the submission deadline,* and the objects will then be displayed to the public until December 24th in a first Vienna Art Salon.
6. Each entrant may submit multiple (different) objects.
7. Every object must be submitted with a sealed envelope indicating the name and address of the producer as well as the price. This envelope will be opened only *after the prize has been presented.*
8. *The sales price* will be determined by a committee consisting of the owner of a small business, a representative of large-scale industry, and an intermediary (Adolf Loos). The average of these three prices will apply. A 10-percent surcharge (for the object as well as subsequent orders) will be added to cover the sales expenses at the Art Salon. Orders will be accepted until December 24th, *exclusively at the Art Salon.*
9. Should the price set by the committee be lower than the one demanded by the producer, the latter will first be asked whether he agrees to the price reduction. He has the right to then specify a different price. If the producer set a lower price, however, he must submit to the committee's decision.
10. Any worker (master craftsman, assistant, apprentice) living in Austria-Hungary is eligible to participate.
11. The objects should be addressed as follows: To the competition "Das Andere," Vienna, I. Marc Aurelstrasse 6. Any number of duplicates to fill potential subsequent orders can be sent to the same address, but not until *eight days have elapsed.*

12. No prizes will be awarded.
13. The sold items may not be picked up until December 24th.
14. All daily newspapers and trade journals will be informed of the results of the competition.
15. The deadline for submissions is November 15, 1903.
16. Objects that are not picked up at the Art Salon by January 1, 1904, will be returned at the exhibitor's expense. Those picking up an object must show the receipt that was provided at the time of delivery. Without a receipt, the object will be retained for a month.

Please note

The companies that are lauded in the editorial pages of this journal have neither paid nor are expected to pay anything for this honor. To prevent abuses, we ask that any person who approaches us demanding money or favors should be stopped immediately and handed over to the authorities.

We would also request that no free tickets be sent to the editorial staff. People who make such demands in the name of the journal should be handled as above.

Advertising rates: ONE-TIME PLACEMENT: "ART" cover 200 crowns. – "ART" and supplement "THE OTHER" 150 crowns. – Separate printing of "THE OTHER" 100 crowns. – Smaller listings according to space. @@@

You have a poorly lit antechamber or cabinet, servant room or kitchen. The room leads into the atrium. We promise you a remedy. We are able to fill such a room with daylight so that it seems to face the street. Call telephone no. 18295. Our representative will pay you an immediate visit.

LUXFER PRISMAS Co.
Vienna, IX. Liechtensteinstrasse No. 22

KUNST

BIWEEKLY MAGAZINE FOR
ART AND ALL THE OTHER

Editor: PETER ALTENBERG

With the insert DAS ANDERE
Written by ADOLF LOOS

SUBSCRIPTIONS: @@@
@ @ FULL YEAR . . . CR 20.–
HALF YEAR . . . CR 10.–
@ @ QUARTERLY . . CR 6.–
INDIVIDUAL ISSUES 1 CROWN
Available in all bookstores

The separate issue of DAS ANDERE costs 4 crowns for a year's subscription
Each individual issue: 20 hellers

Editors office and administration: Vienna, I. Marc Aurelstrasse 6

SPATENBRÄU

BELONGS WITH
@ EVERY FEAST @

Place orders at: Vienna, I. Führichgasse 10 z

Bookbinders @@
G. Viktor Hirschkorn

Vienna, VIII. Josefstädterstrasse 14

Will take on any order relevant to the trade and ensure quick delivery

In early October the KUNST publishing house will release

DER DIEB [THE THIEF]
EINE REVUE DES WELTHUMORS
[A REVIEW OF WORLD HUMOR]

Subscription: All year for 5 crowns
Single issues: 10 hellers

PRAGUE RUDNIK
BASKET
WEAVERS

VIENNA,
VI. MARIAHILFERSTRASSE 1A

EXISTING FACILITIES:
Hotel Bristol—Vienna; Hotel Europe—St. Petersburg; Shepheard's Hotel—Cairo; Sanatorium Al Hayat—Egypt; Sanatorium Copenhagen, etc., etc.

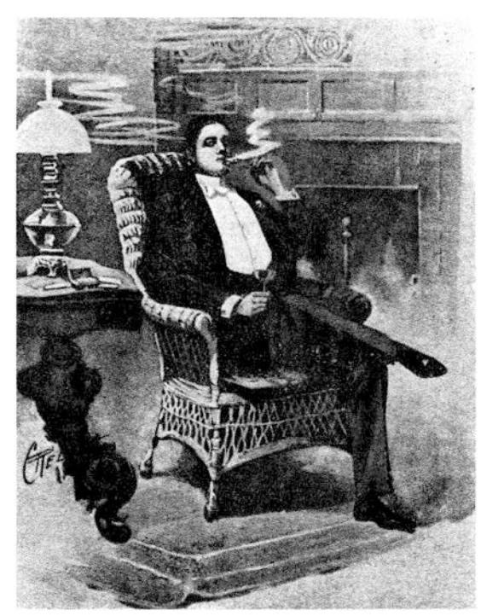

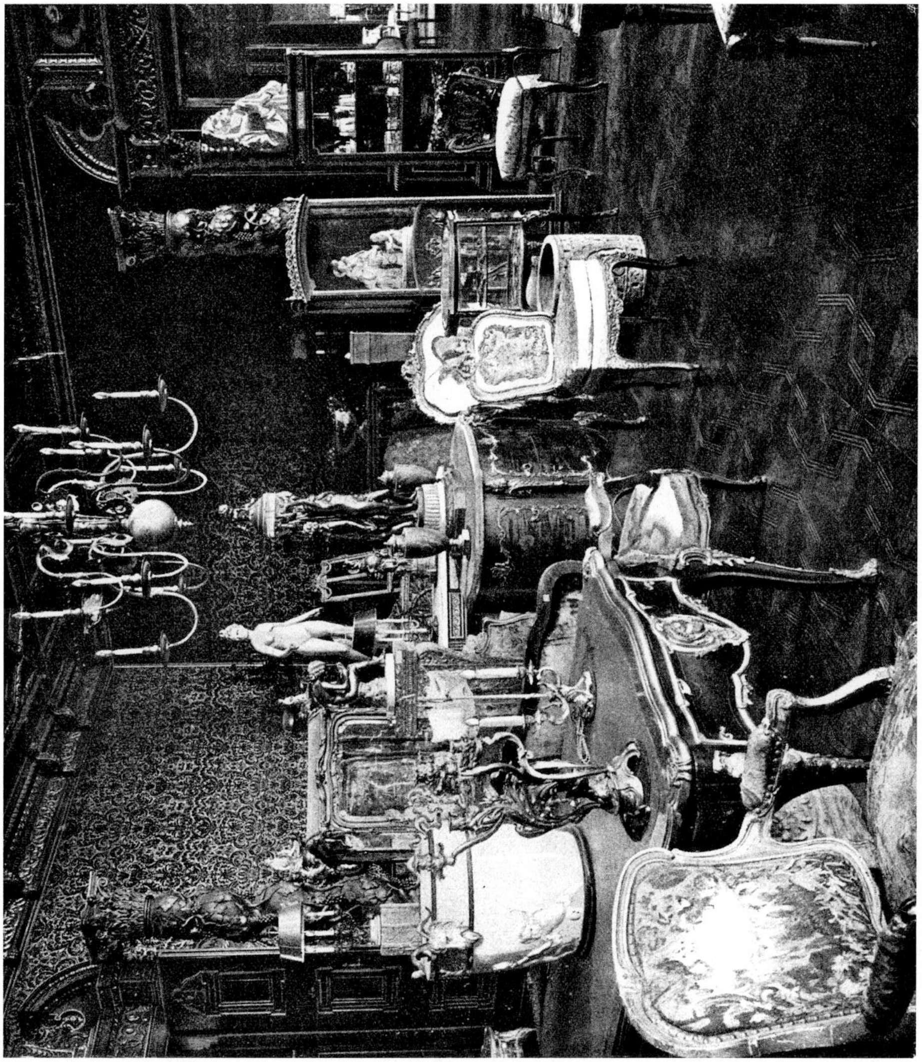

F.O. SCHMIDT, I.

SINGERSTRASSE 16 (PALAIS BRÄUNER) CORDIALLY INVITES YOU TO FREELY VISIT HIS GALLERIES.

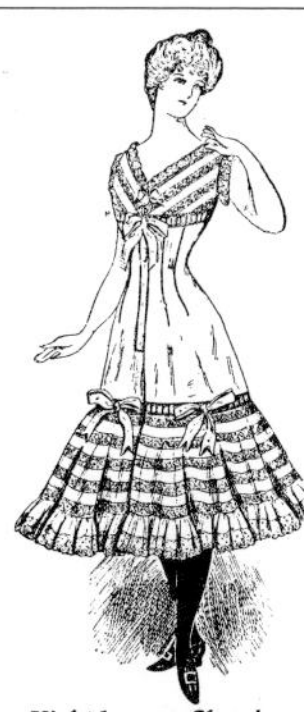

Nightdresses, Chemises
Combinations, Skirts

TAUSKY & MANDL

VIENNA, I. WIPPLINGERSTRASSE 16
CORNER OF SCHWERTGASSE

GENTLEMEN!

It brings me great pleasure to inform you that I have had the opportunity to review the articles of clothing produced by your company. I find that these very garments meet the standards of highest culture in their practicality and hygienic aspects. Through the inventory of your company, one is no longer forced to purchase nightgowns and combinations in England. @@@

VIENNA, August 12, 1902.

Respectfully ADOLF LOOS

"Kunst" publisher, Vienna, I. Marc Aurelstrasse 6.—Responsible person: Adolf Loos.—Wilhelm Fischer's printing office.

N° 2 VIENNA, OCTOBER 15, 1903 Price 20 h

THE OTHER

A JOURNAL FOR THE INTRODUCTION OF WESTERN CULTURE INTO AUSTRIA: WRITTEN BY ADOLF LOOS YEAR 1

TAILORS AND OUTFITTERS

GOLDMAN & SALATSCH

ROYAL AND IMPERIAL COURT SUPPLIER
K. BAYER, SUPPLIER TO THE ROYAL COURT

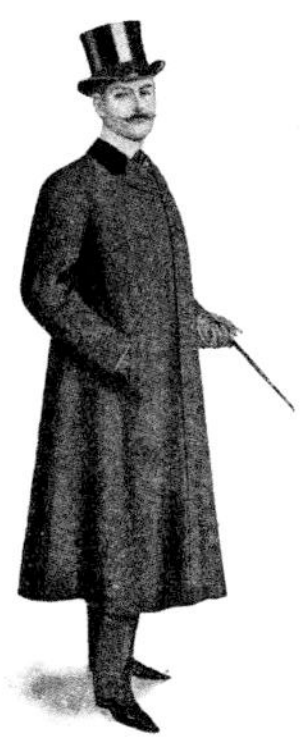

CHAMBER SUPPLIERS
His Imperial and Royal Highness, the Lord Archduke Josef, etc., etc.

VIENNA, I. GRABEN 20.

Société Franco-Autrichienne
pour les arts industriels

UPHOLSTERY FABRICS

LYONS SILK AND VELVET BROCADE

REAL AND FAUX TAPESTRIES

ENGLISH AND FRENCH CARPETS

EMBROIDERY AND APPLIQUÉ

LACE CURTAINS

VIENNA, I. Kärntnerstrasse 55, 1st Floor
Société Franco-Autrichienne

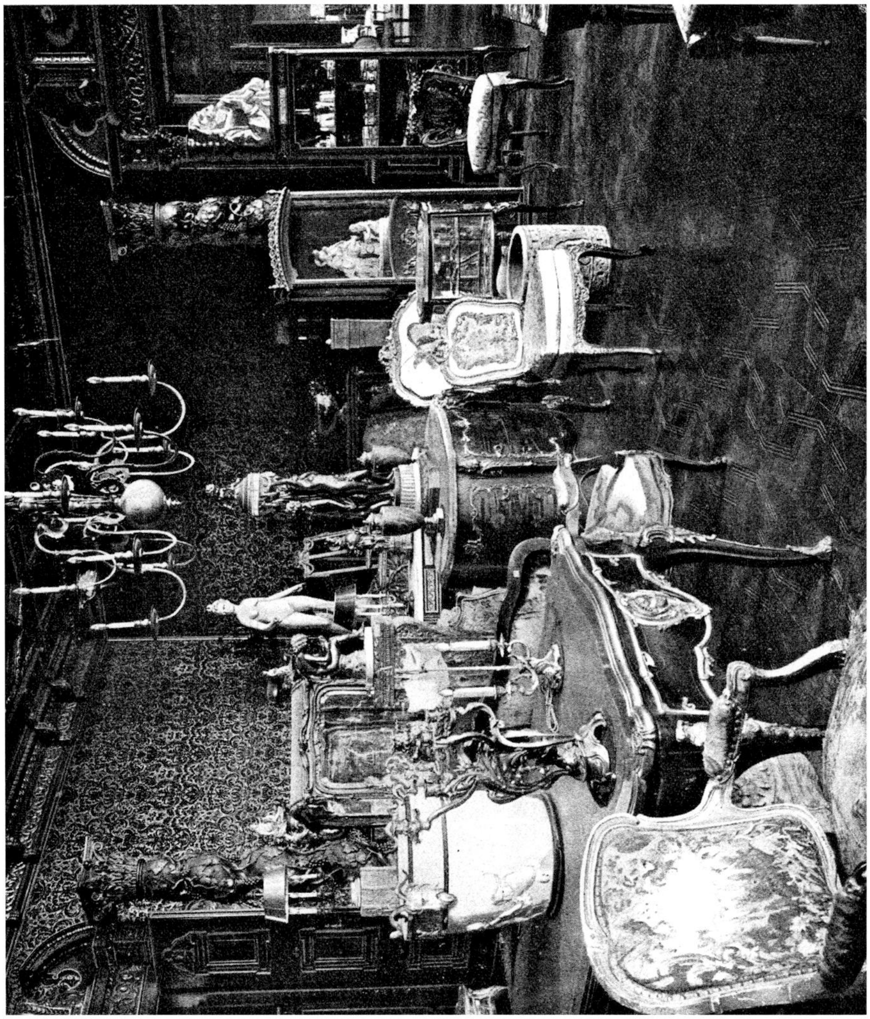

F. O. SCHMIDT, I.

SINGERSTRASSE 16 (PALAIS BRÄUNER) CORDIALLY INVITES YOU TO FREELY VISIT HIS GALLERIES.

YOUR JOURNAL is quite good, but the title is an effrontery!

– Why? I don't understand – –

= I mean the part about Western culture. We already have it!

– Let me ask you a question: Do you think the use of toilet paper or, to express myself more clearly, the use of paper at all, is an integral part of Western culture?

= Certainly.

– And another question: Could a Zulu kaffir who puts a top hat on his head claim to be dressed according to the customs of Western culture?

= Certainly not. I would tell him that he is still lacking in civilized clothing by 80 percent.

– Very good. And so you see: 80 percent of the residents of Austria are entirely unaccustomed to the use of the aforementioned paper.

= Is that possible?

– Yes it is. Every officer serving with the troops can confirm it for you.

= Yes—but—you will not be able to convert this 80 percent through your journal. Because you can't reach them. And you surely wouldn't deny that the readers of your journal are in possession of Western culture?

– Certainly not. But I want to encourage them to cooperate. I was told that in many restaurants the guests have complained that there are no salt spoons. That's a start.

= But your activity harms the good reputation of Austria and will also keep away even the few foreign visitors we have today.

– That doesn't matter. If a person suffers from bad breath, you should tell him. He can do something about it. That is better than avoiding him.

ONCE UPON A TIME, there was a master saddle maker. A hardworking, good master. He made saddles in a shape that had nothing in common with the saddles of earlier centuries. Or with Turkish or Japanese saddles. So they were modern saddles. But he didn't know that. He only knew that he was making saddles. As well as he could.

Then a strange movement came to the city. They called it the Secession. It demanded that only *modern* utilitarian objects should be created.

When the master saddle maker heard about this, he took one of his best saddles and showed it to one of the leaders of the Secession.

And he said to him: Professor—because that was the man's title after all the leaders of the movement had instantly made themselves professors—Professor! I've heard about your demands. I, too, am a modern person. I, too, would like to work in a modern way. So tell me: Is this saddle modern?

The Professor examined the saddle and then lectured the master at length, the latter hearing over and over only the words "art in craft," "individuality," "modern," "Hermann Bahr," "Ruskin," "applied art," etc. But the conclusion was: No, it was not a modern saddle.

Ashamed, the master withdrew. And he pondered things, worked, and pondered again. But no matter how much he tried to meet the professor's high demands, he still kept producing the same old saddle.

Dejected, he went back to the professor. And described his problems. The professor looked at the attempts the man had made and said: Dear master, you simply don't have any imagination.

Aha, that was it. That was apparently what he was lacking. Imagination! But he had had no idea up till then that such a thing was necessary for making saddles. If he had possessed imagination, he would surely have become a painter or a sculptor. Or a poet or a composer.

But the professor said: Come back tomorrow. We are here to promote industry and to fertilize it with new ideas. I'll see what can be done for you.

And in his class he announced the following competition: Design a saddle.

The master saddle maker returned the next day. The professor was able to present to him 49 saddle designs. He only had 44 students, but he himself had produced 5 designs. They would now be realized in the "studio." After all, they had real spirit.

The master examined the drawings for a long time and his eyes grew brighter and brighter.

Then he said: Professor! If I knew so little about riding, about horses, about leather, and about my work as you do, then I would also have your imagination!

And so he lived happily ever after.

Making saddles. Modern? He's not sure. –

Saddles.

AHA, the reader will say, looking at the adjacent picture: that is an English store in an old English town. In Chester or in Stratford-upon-Avon. As if clipped out of an old English magazine.

The reader is mistaken. This is a Viennese picture, from the heart of the city. This shop portal is located in Wildpret Market, the last Viennese portal from the old days of Vienna. It comes from a time when Austria still lay in the heart of the Western cultural region, from a time when there were no differences between English and Austrian portals, between English and Austrian furniture and cabinetry products. From the days of the Congress of Vienna. From a time almost one hundred years ago when all factors worked toward bringing us down slowly but surely to the status of Balkan nationals.

I know what the learned archeologists and architects will say to me. They will say: That's wrong. Because there is a difference between English and Austrian furniture from 1815.

I admit that. But the difference was not greater than that between a tailcoat from Frank and one from Poole. The layman will not be able to discern it. The tailor will notice immediately.

All honor to the Exinger family, who have preserved the entrance to their shop in the same state for 90 years! It was likely repainted every ten years or so. But they always used the original colors, white and green, although for the past 50 years people have been trying here in Vienna to make a coat of paint look like oak or walnut, and now—as you can see, there is progress after all—like maple or mahogany. All honor to the Exinger family! We have their loyalty, their adherence to *true* Austrian culture to thank for the fact that we can still enjoy today the original design and colors of the shop portal.

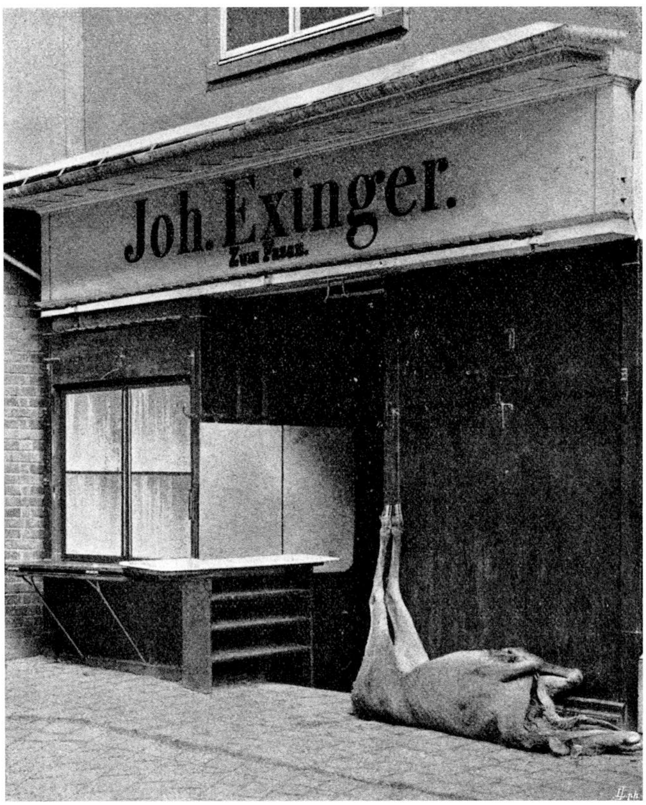

But not for long. In 14 days, on November 1st, the demolition of the building will commence. And that gives me an idea. It is not my own. When the big market halls were built in Berlin, the last Berlin market stand became part of the collection of the city museum. A single market stand. Not a work of art. No artist's name was flaunted beside it.

We also have a city museum.

— —

People will probably laugh at me. What good is such old junk? Consider, however, that the same was said of the collectors of all the products from the forties and fifties. What good is such old junk? And this old junk, which was gladly sold to the derided collectors for a few guilders, went for millions at auctions 50 years later.

I've done my part. Time is running out. The wheels of bureaucracy turn slowly, and even slower is the appreciation for my suggestion. Perhaps there is a citizen or a gentleman somewhere who has the space to store it. Someday, people will be happy to purchase it. For a great deal of money.

How the State Cares for Us

The boy selling planets has brought me some readers' letters. Don't I know that only Jews visit the stock exchange? Of course I know that. And that this is the only reason the stock exchange has such a bad reputation? And haven't I read anything yet about Maison Feuerstein? I have. And don't I know that peddling planets is prohibited even for adults? I know that.

* * *

I presume that the recent revelations about the rooming house run by the Feuersteins are widely known. A 13-year-old girl with an infectious disease transmitted it to other children. The press cried bloody murder. Appalling, simply appalling. The Rooming House Is a Den of Iniquity—The Dangers of the Street—Children Belong in the Family.

Let's take a closer look at this family. A room. Father, mother, and so and so many children. They cook, eat, and sleep in the same room. In the evening, and in the course of the night, male and female lodgers arrive.

There are people who like to argue about whether and when children should be enlightened about the reproductive functions.

For the proletariat, such "issues" are humbug. Children are familiarized with the reproductive functions just as quickly as they are with the digestive functions. Although there is a slight difference. The fact is that while fathers and mothers, male and female lodgers have the feeling that they should shield the *latter* functions from the eyes of children, this modesty disappears entirely when it comes to the former functions. In Maison Feuerstein four children may share a bed, but in other establishments they are joined by a male and a female lodger as well.

I don't know whether it's correct to compel doctors to report every sexual disease they diagnose in patients under the age of 14. One year of such statistics would soon silence the mindless conviction that the child belongs in the family. There are no dangers on the street. It is under the protection of the public eye. *There is only the danger of the family.*

* * *

It will probably take years before our lawmakers are willing to admit that. The current view is such: There is no need and no misery, there is no vice and debauchery, as long as they remain nicely within their own four walls. And this spirit is also behind the paragraph in the Press Bill, according to which selling newspapers on the street is only permitted for those who have completed their 18th year.

Children are not forbidden from earning money. Certainly not. But they shouldn't do it in the street. Only sitting prettily at home. In the bosom of the family. There, as far as the state is concerned, they can spend all night gluing paper bags or carving toothpicks, while the male lodger has his way with the female lodger.

But the street is full of dangers.

* * *

People in America think differently. They would see it as a waste of the people's vigor and nation's wealth if a strong young boy able to carry heavy loads runs up and down the street instead with newspapers in hand. We Austrians are rich. We have everything in abundance. We can afford it. But the Americans are frugal. They make use of their youth. And to make sure the boys who have learned to stand on their own two feet so early in life do not fall prey to exploiters, the city or a newspaper millionaire builds rooming houses for the newspaper boys, where they can eat their fill for cheap. And for five cents they have a place to sleep and a free bath as well.

* * *

The drive among the children of the proletariat to earn money is simply a given. The lawmakers cannot suppress it. But they can steer it into the proper channels. If boys are prohibited from hawking the products of our press to the public, they will hold themselves harmless by secretly peddling planets instead. Planets should be suppressed by the censors. Should! Because they spread stupidity. But just try speaking with the finance minister. He would strongly object to banning the best method of animating the lottery players.

* * *

Doctors say that syphilis in childhood is not nearly as dangerous as at a more mature age. And psychologists say that masturbating in the company of another person is not nearly as harmful for the character as doing it alone. I almost believe—that the proletariat is in any case better off— — —

The municipal architect Baumann was entrusted with the installation of the Austrian section in Saint Louis. Well, that is certain to turn out fine. Secession or After-Secession—that was the question here.

What People Sell Us

In America they have a vegetable that appears on the table just as often as turnips or green beans do here. It's called eggplant. It has come to the market here recently under the name melanzane. Our housewives are sure to have seen the longish blue fruit at the Naschmarkt. But despite its low price, there is still little demand for it. This is because people don't know how to prepare it. This fruit can be compared with the potato. I present here the best way to eat it.

Peel the fruit and cut it, lengthwise if long and crosswise if round, into 4-millimeter slices. Salt them and bread them in flour, eggs, and bread crumbs. Then fry them for quite a long time in butter like a cutlet.

I made an agreement with the vegetarian restaurant at Spiegelgasse No. 8 (mezzanine) that they should serve these eggplants for lunch every day, prepared in this way, for eight days, starting October 15th. Perhaps some husbands will try it and tell their wives about it. Or the women will go there themselves. Or restaurateurs.

What People Print

The letters with which the subtitle of this journal is printed—A JOURNAL FOR THE INTRODUCTION—are marketed by the Poppelbaum company under the name Ver sacrum. So they are Secessionist letters, the reader will say. No, they're not. But modern they are. They date back to the year 1783 and were taken from a City of Vienna license for apprentices of the art of book printing. They are thus one hundred and twenty years old and look just as modern to us as if they were created yesterday. They appear more modern to us than the Otto Eckmann letters of yesterday or the alphabets of the Wagner school with their exaggerated T of the day before yesterday. This is because *these letters* were in fact first born at that time back in 1783. The man of the year 1783 wanted to make letters. He didn't have a particular style in mind. Our artists, however, want to make modern letters. But time is strong. It cannot be outsmarted.

We have more inner correspondences with the truth, no matter if it's hundreds of years old, than with the lie walking along beside us.

Good posters that are currently hanging in Vienna: Kathreiner's Malt Coffee (the big one on Stallburggasse).—The American barefoot dancer at the Orpheum. (Both printed at Weiner.)—Pendulum test in the Rotunda. (Society for the Graphic Industry.)

What We Read

I received the following letter: May I submit to you a small contribution? Yes?—Well, listen: I have a son. Eight years old. A superb boy. But he also has some bad habits. For example, he was always pointing at people who caught his eye or about whom he was talking, or when he wanted to know who they were. I gave him a smack each time. "You don't do that," I told him. And he stopped doing it. The other day, though, he again pointed at a man and asked: "Who is that, Dad?" Of course, he got another smack without delay. But then he looks at me very pityingly, extracts a crumpled piece of paper from his pocket, which I recognize as a being a newspaper clipping, and holds it up in front of my nose. I read there: "Kaiser Wilhelm appraised the audience during the first intermission without the use of opera glasses. With an earnest and almost grim look on his face, he seemed to *repeatedly ask* our Kaiser *about individual personages, to whom he pointed with outstretched hand."!!* There it stood letter for letter. *Zeit* no. 349 from September 19, 1903. And me? What should I have done? What am I to do at all? Because now the smacks are no longer effective. Now they are an injustice to my boy or—to the German Kaiser.

I would like to refer you to a book that is very closely related to the issue I treated under the heading "How the State Cares for Us." It is Frank Wedekind's *Spring Awakening.* A Children's Tragedy. After reading the first few pages, you say to yourself: Aha, a pornographic book. Children who talk about sexual problems. But you read on and on. The book maintains the same tone. It goes from bad to worse. And after closing it, you sit there, stunned.

If only every father, every mother, every teacher would read this book!

A Mr. M. M. has written a review of this journal in *Bohemia,* calling its subtitle, "A Journal for the Introduction of Western Culture into Austria," a ridiculous presumption and then literally writing: "Let us hope that the next issue of 'The Other' will already be able to conclude with satisfaction that all Vienna restaurants have since purchased the salt spoons that are lacking everywhere today for their salt bowls, and that the guests of Viennese inns are no longer compelled to shovel up the salt with a knife, *a habit that, incidentally, will have lost its ugliness once all the inn frequenters have also stopped carrying food to their mouths with their knives."* Mr. M. M. did not space out this passage for extra emphasis. But I am doing so.

From which we can see that the 40 million people of the monarchy perhaps have no need of being taught Western culture. But Mr. M. M. certainly does.

And there's another thing I know. I wrote an article a year ago about how Viennese eat in restaurants. No newspaper was willing to print it. I wouldn't want the paper to lose all its subscribers, now would I? But I did obtain a proof sheet. It contained the following passage: "Among the inconveniences of restaurant life in Vienna is the fact that it is not possible to salt the food. There are no salt spoons. And therefore the guesthouse salt gradually takes on the flavor and color of the entire menu." I showed my article to someone who, I now know, needs my journal. He had this to say: "That's disgusting. Everyone dips their knives, on which food is still clinging, into the salt. As for MYSELF, I always lick my knife off first before I take some salt."

As you can see, there is a difference of opinions here.

Perhaps the two gentlemen should get together, come to an agreement, and publish a magazine for the introduction of Austrian culture in England. This is not a grotesque idea. The Viennese fashion club has been trying this for years and its efforts are not greeted with laughter but rather with the sympathies of all good Austrians.

On the trial concerning a beating in Bayreuth *[This refers to a sensational case in 1903 in which the tutor Andreas Dippold beat one of the two Koch boys under his charge to death for masturbating and received the mild sentence of eight years in prison.*

—Trans.] Names of persons whose presence will make any decent human want to spit:

Councilor of Commerce *Rudolf Koch,* Director of the Deutsche Bank. His wife, Mrs. *Rosalie Koch.* Retired Cavalry Captain *Bugge,* her son-in-law. Dr. med. *Vogt,* Director of the Neobiological University Laboratory. *All of them living in Berlin.*

What We See and Hear

Wherever I happen to be—I still have yet to miss a Tristan performance. To me, Tristan is the highest *work of art* we know. I would like to express my gratitude for the fact that I came into this world after the creation of Tristan.

I'm not a weeper. When, during a sappy play, one handkerchief after the other is retrieved from its pocket and the tears roll down the faces of the entire parquet, I say to myself: What's wrong with these people?! Reinhold will be fine. And Reimers is sure to be found in an hour's time eating Königsberger meatballs at the Löwenbräu.

But with Tristan I no longer know the names of the people standing on the stage. And the five quarter hours of music during the first act so undo me that when the curtain falls I feel tears in my eyes at the terrible tragedy through which Isolde is torn by her women from Tristan's side and stuck in the royal straitjacket. I'm afraid someone might notice it. I'm ashamed of myself. Always.

* * *

There is now a new production of Tristan. *Professor Roller* was entrusted with the work. The curtain went up. But I didn't hear the voice of the young sailor. My eyes were too busy. What kind of ship is that?! Cut through obliquely. Longitudinal section or cross-section? Mildenburg is in good voice. Cross-section or longitudinal section? Well, we will soon see. The curtain will go up soon. *Air, air.* At last: It is the cross-section! Thank goodness! I couldn't have borne it much longer. But what's this now? Tristan is sailing and steering at the same time. Roller probably saw that at Lake Atter. *Let my command teach the vainglorious one!* Or at Lake Gmund. Gmunden. There's Altenberg. Perhaps he will soon come to Vienna? *How could I safely steer the craft?* And that's Schmedes. Why not Winkelmann? Winkelmann will be angry. But then again, what business is it of mine? *Ah, here's our hero Tristan ...* Brangäne closes the curtain again. She has a nice costume on. It would look really good on my wife. For an artists' party or something. *How could he safely steer the craft ...* Mildenburg took that from Klaus-Fränkel in Prague. Now the love potion is coming up. Where is it standing? Too many boxes are strewn around here. Well arranged. The rug is from Prag-Rudniker. I've used one of those, too. In the hall. The profusion of cushions also looks good. Sandor Jaray can't do it any better. *I looked him in the eye ...* He will be annoyed that Roller anticipated his idea: "Lady's boudoir in the Norman style!!" But which box contains the love potion? Aha, that one! I thought so. But what is the other one for then? ...

At the end of the act, my curiosity was satisfied. The women went over to the said box, opened it—*the crown!!* Very good. That would never have occurred to me.

The curtain fell. The audience applauded. And suddenly I started. So, that's the way you listened to Tristan this time? I began to be ashamed, ashamed of myself.

I ran out. No, that's not the way to sit through Tristan. I went home.

I had robbed myself of my holiest of holies.

I don't know if others had the same feeling.

I was in "Lazy Hans." During the intermissions, I read the text. It's nothing special. Through the course of five scenes, virtuous Hans is besieged mercilessly by his two brothers, only to finally emerge with the victor's crown. One had gone to court, probably to Vienna, where his future lay, and had become a lackey. But the other thought he had a future on the water and became a sailor. They had both made a mistake. Hans sought and found his true calling in the Bohemian Forest and outdid both. They were rightly chased out of the country. But all three had a common Czech ancestress. Is something dawning on you, dear reader?

That is not much. The content can consider itself fortunate to call itself chauvinism. But there is a brilliant idea shimmering within it. It is the third scene. I read the text with growing wonder. Did Frank Wedekind help me here? Consider the situation:

Sadness has descended on an old medieval town. A dragon that is devastating the land promises to desist if they hand him over the king's daughter. Of course she agrees. But the citizens want to show the dragon how keenly they feel the loss of the beloved royal child and they therefore hold a mourning ceremony in her honor. The town is decked out in black. Even the lowliest hut is at least flying a black flag.

This is something new for a change. An idea bursting with power and satire, satire and power. And I was looking forward to seeing this scene. What a wonderful mockery of our funeral ceremonies! I imagined it all in my mind's eye. The burghers turn down the pale brew indignantly and drink only Kulmbacher. And the promised funeral waltz of the maidens in their folk funeral costumes and the mourning music as accompaniment! And the funerary court! The king is of course wearing a mourning crown in jet black and is carrying a mourning scepter and a mourning orb. And the dragon's bride. In a mourning bridal gown. And the myrtle wreath she wears on black crepe. And – ! and – – ! and – – – !

And all of it in a ballet!

But things turned out differently. The producers had taken the story seriously. Very, very seriously.

What a pity!

In the countryside, they have a nice way of practicing charity. The crème de la crème of society puts on an opera or a ballet at the town theater. In past years, one of the productions was *The Fairy Doll.* In Brno, in Jihlava, in Opava.

Professional artists can do it better. But watching famous personalities sing and dance has a charm all its own.

This idea also found favor in Vienna. I recently saw such an operetta. The ballet mistress Stegsmann, a lady who had often faced such tasks, was called in from Brno expressly for the show. She did her best to teach the ladies and gentlemen, who had so far danced only in ballrooms, to dance on the stage. The audience, who probably knew the dilettantes well, had a fabulous time.

Right, I almost forget to describe what was performed and where! It was at the Theater an der Wien and the production was *The Toreador.*

I hope that the countryside will soon follow suit. It is to be expected that there the crème de la crème of society will also bring this kind of production to the stage. In Brno, in Jihlava, in Opava.

Gabor Steiner! I have a weak spot for this man. All Viennese citizens can be grateful to him! Without him, we would have to blush if a stranger were to ask us in the summer: "Where should I spend the evening?" He alone saves Vienna's reputation as a theater city in the summer months, as the city of music, of dance, and of the joy of life.

One would have believed that people wouldn't dare denigrate this man. Because Gabor Steiner has never worked to fill his own pockets. If he had become a millionaire, one might have been able to understand it. But maybe he actually wants to and can't? No, this man is an incorrigible idealist. He operates his Venice [a Venice-themed amusement park in Vienna.—Ed.] like an aristocratic racehorse owner. Whatever he earns, he reinvests it. Instead of lining his own pockets.

Aesthetically speaking, Venice has probably gotten worse from year to year. But that's not Gabor Steiner's fault. Other factors have been responsible for the impoverishment of our taste. He is unable to stem the tide. He did get off to a promising start. The Venice of yesteryear was certainly no heroic aesthetic masterpiece. But the electric city was simply hideous. These two "Venices" relate to one another like Makart's old German buffet to Olbrich's Secessionist one.

Gabor Steiner is doing a great deal for Vienna. In any other city, he would have long since received a subsidy. It would have been up to the Society for the Promotion of Tourism to obtain one for him from the city.

* * *

A new production has been promised us for next year. And I would like to warn you against it. Whether the man was tired of accusations that his establishment was a den of iniquity, or whether because of supposed business considerations, he wants to make Venice a family place. And I would like to tell him about the case of Ostende as a cautionary tale. Ostende had a gambling den. It was a magnet for gamblers. And they in turn addressed the cocottes. And then undressed them. So the said women dressed up even more.

The state put an end to this abomination. All upstanding citizens rejoiced. So what if the rabble now stayed away? Then the really fine, genteel, and wealthy people would rush in even greater numbers to our beach. For the rabble surely deterred many of them.

The rabble didn't come. But neither did the genteel members of society.

What had happened? How can it be explained? Very easily. Once a year, for a short time at any rate, those who are imprisoned in their uprightness want to at least put their noses up to the bars in order to cast their eyes on the country where no one cares about propriety …

Venice in Vienna, the carnival in the proper German cities, Ostende, Monte Carlo, the opera redoubts, all these sites and events have emerged out of the deep need to become intoxicated with the possibilities of a free conception of life. For the quarterly drunks quaffing the joy of life!

"Be silent, recruit of life!" Altenberg exhorts us in his splendid philippic for the Princess of Coburg*). We are happy to hold our tongues. But at least let us have a look!

I'm warning Gabor Steiner.

* * *

The musicians will turn up their noses if I recommend that they listen to Lucie Krall. She is a lady who sings notes higher than human vocal cords have ever before produced.

(* De libertate – in "Was der Tag mir zuträgt".)

This has nothing to do with music, though. But coping with unexpected difficulties instills a joy in listeners or viewers that is located on a different plane than that of art. The majority of our pianists and violinists—on *a* violin string, remember—have achieved triumphs in this field that have falsely been entered in the golden book of music.

Moreover, the lady sings with a pleasant voice and her high notes have a human timbre that is touching in a way all its own. By contrast with the coloratura singers, of whom admirers enthusiastically exclaim: Like an oboe!

People should also go see Old Heidelberg. I went there with some mistrust. But the show is delightfully conceived. The way our coat stands, embroidery, etc., etc., although only forty years old, are made to stand in here for "period" style is marvelous. In terms of a humorous parody, this is just what we needed. Because I hope that Gabor Steiner has managed with it to stop our decorators from furnishing our homes in the 1860s style.

The barefoot dancer was by comparison a real disappointment. Yes, the bare feet were there. But she couldn't dance.

Ronacher promised us a gallery of beauties. But I found nothing of beauty. Or am I lacking the proper appreciation for the hippopotamus-like charms of the high-wire artist, whose leotard displays wrinkles reminiscent of elephant skin. There was *one* act, though, that makes sitting through the whole program worthwhile. I don't want to name it, because I'm afraid that, if anyone had told me beforehand of its wonders, I would surely not have been so pleasantly surprised. No woman appears in it. Or perhaps one does—but she only flits across the stage and has nothing to do with the act. Moreover, she is the prettiest one seen on stage the whole evening.

Otherwise, only Modl bears mentioning. If only the ladies and gentlemen who dance the cakewalk at the Theater an der Wien for fun had seen it. Because then they, too, would have seen that this can also be done for the pleasure, indeed for the great exultation, of the whole audience. When a lady dances the cakewalk, you can't help being captivated by her grace, but when a comedian does it, you have to laugh out loud. The word cakewalk, or the audience's awareness that she or he is dancing the cakewalk, is not enough. Modl is excellent.

Kolosseum. Nothing has changed. New name of the same stripe. The stage should be swept once in a while. The curtain always sends up dust that contaminates the food all the way to the fifth row of tables.

Mailbox

Rules for letter-writers:

1. **Besides your full name, please also choose a pseudonym under which the response will be published.**
2. **The questions should be numbered.**
3. **The response will follow according to my discretion in one of four subsections.**

General Information

L. T. — No, I have not abandoned my "architectural" activity. I will continue to execute shops, coffeehouses, and residences. But the way that I work still does not involve any contradictions to what I wrote in the last issue. You are kind enough to refer to my previous activity in Vienna as "architectural." That it is unfortunately not. But we live in an era when every decorator calls himself an architect. That doesn't matter. In America, every heating installer calls himself an engineer. But furnishing homes has nothing to do with architecture. I used it to put food on the table, because I'm *good* at it. Just like I washed dishes for a time in America to keep body and soul together. Or the following diet: a farmer came to me and said: "I would like to move to town and live like a townsman. Get me everything I need. You will receive 10 percent of the money you spend as an 'architect's fee.'" And so I went with him to see the tailor, the shoemaker, he shirtmaker. Cane and umbrella, handkerchief and card holder, business cards and tiepin. Done. Next.

Tourist guide for strangers to culture.

This is how I have always furnished apartments, and how I continue to furnish apartments. I give advice. Wallpaper? We'll go to Schmidt at Neuen Markt. Would you prefer stripes or a solid color? Does this one appeal to you? I would suggest you choose that one.

Some seek my advice because they aren't good at it, others because they are unaware of the right places to obtain things, and still others because they don't have the time. Nonetheless, they all live in their homes according to their own individuality.

Mitigated, however, through my advice.

R. & F., Kohlmarkt. — Thanking me for the honorable mention of your company in the last issue, you inform me, with regret, that the ring was not on display for several days because it had been sold and needed to be replicated. You do not need to thank me. My intention in naming your business was not to advertise it but rather to demonstrate my ideas. I would therefore like to thank *you* for being so forthcoming in immediately making another ring in order not to interrupt the course of my demonstration. This also applies to all the other objects which I will name. I hope that the businesspeople named will support me in my efforts and label objects that are difficult to identify, preferably using the heading of this journal affixed to cardboard. Furthermore, I would also be grateful if the prospective buyer could be asked to please leave the object on display in the windows until the next issue comes out.

German national, Laibach. – I read your epistle with growing good cheer, unmitigated by your threat that the "glorious" Ostdeutsche Rundschau would soon bare its teeth to me. However, when I read the signature: Heinrich Wetlach, academic painter, Laibach (own villa), my amusement soon diminished. So it was not an ordinary person who wrote this after all, but someone who lives in his *own* villa. I probed my conscience. I promise to better myself.

S. S., H. H., Engineer M. G., Dr. O. St. – Many thanks for your friendly correspondence. H. H. says he would like to inquire, but he does not do so. Therefore, I will provide an answer for him in the section "Form."

Form

H. H., your letter begins on the first page, continues on the second page of the notepaper and ends on the fourth. I would advise you to write letters in the following fashion: After the first page, turn the sheet over—you will need to place blotting paper underneath—and then continue writing on the fourth page. Then unfold the sheet and move on to the second page. Finally, lay the paper crosswise to write on the third page. This is the manner preferred by the English and the Americans due to practical considerations (no need to let the ink dry). I read every letter in this way, and therefore I am rather disorientated when faced with Austrian letters.

A. R. – When encountering a friend in the street who is in the company of an unknown female acquaintance, it is customary to greet the lady first, regardless of the degree of social distance. However, you should avoid greeting them both, or worse, greeting only your friend. It is proper to raise one's hat and look straight ahead.

V. G. – Insisting that a lady should walk on the right side of a man under any circumstances is surely nonsense. In the carriage she must certainly sit on the right. When entering the carriage, the lady is allowed to go first, and, if need be, one should walk around the back in order to get in on the other side. The same applies for male guests. On the street, however, the lady is to be given whatever side is better. It is not unusual in these parts for fanatics of the "honorable right side" to let ladies step through puddles while choosing the drier path for themselves if it just so happens to be on the left. When on pavements, one should walk on the side nearest the road.

Attempt. – (1) Fruit seeds are to be spat into the hollow of one's fist, which should cover the mouth, and then be placed on a plate. (2) Bread and rolls should never be cut. Break them apart. Furthermore, one should never use one's fork to pick up bread or rolls in order to dip them in sauce. A piece of bread can, rather, be held in the hand when mopping up sauce. This requires a certain degree of dexterity, practice, and grace.

* * *

Clothing

F. R. – Yes, "N. F. P." is right to object to Viennese men attending the opera in a tailcoat and black tie. A black tie should be worn only with semi-formal, which in Vienna is incorrectly referred to as a "Smoking" *[The German term for tuxedo.—Trans.]* However, this practice, too, is prone to error. In Vienna, it is more likely to see a man wearing a white tie with a "Smoking" than with a tailcoat. Recently, in Josefstadt, I even saw the following: a "Smoking" in combination with a colorful shirt. You may argue that this man must have been a simple cobbler. Well, you would be surprised if you knew this man's name.

* * *

Interior Decoration

Door fixtures. – The only way I can answer questions regarding these and their style is along the lines of: Where and in what style should I have myself tattooed?

Curious G. K. – It is certainly possible. If we afforded cabinetry the same status as the clothing industry, then the process of buying a wardrobe would perhaps look something like this: We have too many clothes. We need a wardrobe. So we visit a master cabinetmaker. "Good morning, Mr. Master Cabinetmaker!" "Greetings, sir, madam! To what do I owe the pleasure?" "We are in need of a wardrobe. We have 1.6 meters of space left on one wall of our bedroom. How many doors could a wardrobe of this size have?" "It could have three doors. Do you need it to hang garments in or will they be folded? Do you intend to store clothing or linens?" "Both. We were thinking of having two doors for hanging clothes and one for linens." "Then I would suggest we install sliding shelves to store the linens in order to make them more accessible." "Sounds good—but won't that be more expensive?" "Somewhat. But the difference is negligible. How high would you like the wardrobe to be?" "What would you advise?" "The standard height of the wardrobes we currently make is two meters. This leaves enough space above the clothes hooks to store hatboxes." "Oh, yes, we definitely need that. That leaves us with, most importantly, the matter of expense." "That would depend on the material, finish, and inner lining." "What do you mean by that, sir?" "Well, whether you would prefer oak or rosewood, a matte or polished finish, and a matching interior and exterior or the use of an inexpensive veneer." "Could we see some samples of these woods?" "Certainly. Here they are." "These are all natural woods. I was thinking of something with a green or violet stain, perhaps." "With all due respect, madam, that is now passé, the Secessionist style of furnishing has long been outmoded. Those unfortunate enough to have furnished their houses in this fashion are now ashamed of these furnishings and are trying to rid themselves of them as quickly as possible. Nowadays it is considered an act of brutality to apply a green stain to fine mahogany or rosewood. A similar understanding is slowly being extended toward simple maplewood, too. In those troubling times, which we've happily left behind us, it was not uncommon even for leather suitcases to be dyed green or violet. The ill-fated owners of such tasteless objects now leave them at home for fear of being embarrassed in front of the porter. Back in the day, they were fortunate. With the support of half the press, critics had to hold their tongues lest they be decried enemies of art and progress." "You are right, indeed! After all, a wardrobe should last at least as long as a suitcase." "That's what I think. My work is expensive, but it's good. In this wood, the wardrobe would cost so and so much without fittings, and this much in that one." "We'll take this wood, the same on the inside and outside." "I will send you a quote on the price tomorrow. I hope that you will find it satisfactory." "We do hope so, too. Good day!" "Good-bye, my good sir and madam!"

As you can see, the style is not discussed. Implicitly, they all have in mind the style of October 1903. Just as you wouldn't ask for a Renaissance-style tailcoat. And why should the object in which one intends to store it be treated differently from the object that is being stored?

R. K., Opernring. — The wallpaper is most exquisite. Judging by the samples I received, the room must look quite charming. I am not entirely happy with the covers to go on the green armchairs. The color is good. But the pattern is slightly—well, un-aristocratic, shall we say. You will see for yourself soon enough, when the Secessionist tide has ebbed somewhat.

M. S. — You wrote me a long, resigned letter which I would like to quote an excerpt from. It says: "If I understand you correctly, you would like to put an end to the Secession and introduce a new style. I have been married for thirty years now. I have had to endure three redecorations. I know what you'll say. This time it will be right, for once. This time it will last forever. But that is what everyone has always said. Following the German Renaissance, then after the Baroque period, and then after the Empire style. We happily skipped the Secession. But I am aware of it." I replied: You see, you could have avoided all this if you had chosen modern furnishings to begin with. That way, you could have always enjoyed a comfortable and modern way of living. Today's residence admittedly bears little resemblance to that of 1873, but the main furniture would have remained—arranged in a new way, spread differently throughout the room. New inventions would have made this possible. Electric lighting alone, and the possibility of placing a source of light anywhere, would have been enough to bring about a revolution in the arrangement of your furniture. Much of these furnishings may be destroyed and replaced. Many new things will be acquired. Gifts, travel souvenirs, pictures, books and sculptures, a gas heater, all of these would have been helpful, useful, and would have undermined and burst the bounds of your interiors. One expands, advances, begins to demand more from life. Old furniture from 1873 would have gotten on quite well with the young sprouts of 1903, in the same way that furniture from 1673 harmonizes with furniture from 1703 in an old palace. Your home could have been a reflection of your life and ambitions. You would have had a residence that no one else could possess but yourself, and yourself alone. You would have had the home you want. But nonetheless, begin to work on your home now. It is never too late. You have children. They will thank you for it.

H. B. — Your inquiry was received anonymously. I would like to draw your attention toward the heading of our Mailbox section, which you can see calls for your name and address to be noted in the future. This time I will gladly answer your questions. (1) It is not possible to buy furnishings for a study that are sturdy, simple, and also tasteful for 250–300 fl. However, that amount of money could buy part of a study meeting these requirements. I do hope you mean only the cabinetry without seating, lighting, wallpaper, carpets, paintwork, etc. In other words, only a desk, bookshelves, and chests. Soft wood, in a dark brown stain, would probably be the least expensive choice. Ash would be better. Speak to a well-trusted master cabinetmaker—he won't be the cheapest—show him the room and discuss the arrangement of furniture with him. Then have him draw up some sketches. Tell him: no cornices and no beveling. Then send me the sketches as well as a floor plan of the room, and I will correct them. (2) Thank goodness that here we do not yet live in such a society. That would be the last thing we need, for the Secession to establish itself in stocks. It has done enough damage as it is. (3) Smooth, brown linoleum without any sort of pattern is highly recommendable. The entire desktop can be covered using this linoleum, but the edges must first be planed to get rid of any profile. Then, a polished strip of brass two millimeters thick and as wide as the desktop and the linoleum's thickness combined can be attached using screws to form a new edge. The brass screws must be flush with the strip. Of course, this excludes the option of a gallery.

Our Cabinetry Competition.

The objects will be exhibited at the Miethke Gallery.

The sales prices will be determined by the following gentlemen:

Representing large-scale industry: Mr. *Max Schmidt,* head of the company F. O. Schmidt.

Representing small trade: Mr. *Josef Kropfreuther,* master cabinetmaker, VII. Siebenbrunngasse 17, and

Adolf Loos.

* * *

So that one may acquaint oneself with the set-up, the gentlemen who are taking part in this competition are asked to give the publisher notice, even anonymously.

Adolf Loos

Advertising rates: ONE-TIME PLACEMENT: "ART" cover 200 crowns. — "ART" and supplement "THE OTHER" 150 crowns. — Separate printing of "THE OTHER" 100 crowns. — Smaller listings according to space. @@@

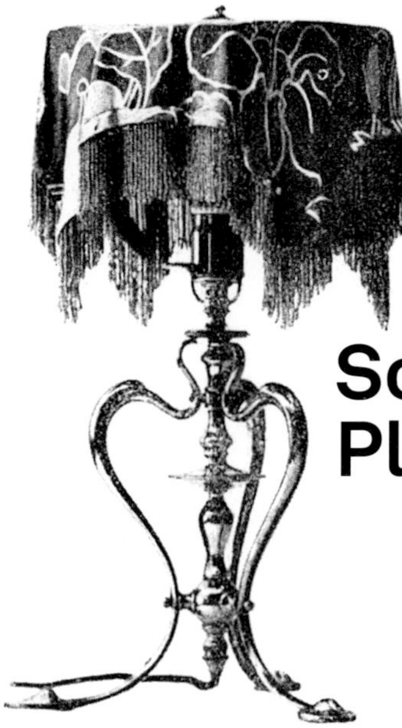

Vienna
Installation
Office of the

Austrian

Schuckert Plants

VIENNA

VI. Mariahilferstrasse No. 7

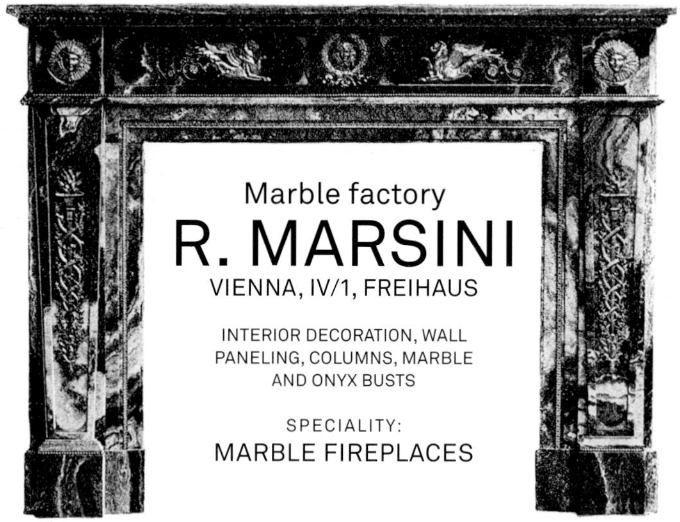

Marble factory

R. MARSINI

VIENNA, IV/1, FREIHAUS

INTERIOR DECORATION, WALL PANELING, COLUMNS, MARBLE AND ONYX BUSTS

SPECIALITY:
MARBLE FIREPLACES

I am honored to announce that I have sold my studio, which I have run for thirty years under the company name Dr. SZÉKELY Studio, at 1 Heinrichshof, Vienna, to the gentlemen Royal and Imperial Court photographers

MERTENS, MAI & CIE.

I would like to thank you for investing such a great deal of trust in me and ask you to do the same for my successors.

Yours faithfully and most respectfully,
LUDWIG SZÉKELY
previous company owners
Dr. SZÉKELY

BY kindly referring to above statement, we would like to draw attention to the **considerable expansion** of the atelier we have undertaken, equipping the space with every modern convenience, as well as adding a **second** atelier as a **special department for children's photography.** We expect to cultivate this genre exceptionally.

We have taken over the negatives of all recordings made since the existence of Dr. SZÉKELY's studio, along with all the rights thereon and can fulfill repeat orders and enlargements in both photography and painting.

For the convenience of our clients, we have set up a ground-floor commercial property as an office where all our business agendas can be pursued henceforth. Located at

42 Kärntnerstrasse (Heinrichshof).

Yours faithfully and most respectfully,
Mertens, Mai & Cie.
Royal and Imperial Court Photographers
previously Dr. Székely

PRAGUE RUDNIK BASKET WEAVERS

VIENNA, VI. MARIAHILFERSTRASSE 1A

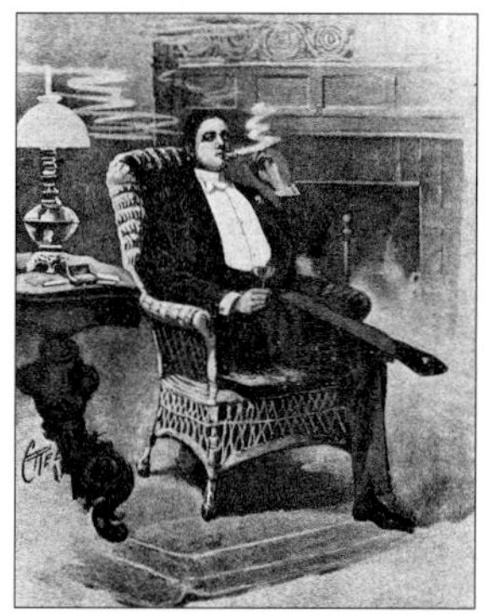

EXISTING FACILITIES:
Hotel Bristol—Vienna; Hotel Europe—St. Petersburg; Shepheard's Hotel—Cairo; Sanatorium Al Hayat—Egypt; Sanatorium Copenhagen, etc., etc.

Hold the thief!

DER DIEB [THE THIEF]
EINE REVUE DES WELTHUMORS
[A REVIEW OF WORLD HUMOR]

Has just been released

Subscription: All year for 5 crowns
Single issues: 10 hellers

DER DIEB [THE THIEF]
appears every Monday

KUNST [ART] PUBLISHING HOUSE
VIENNA, 1. MARCAURELSTRASSE 6

DAS ANDERE

APPEARS EVERY 14 DAYS

AVAILABLE INDIVIDUALLY AT ALL TOBACCONISTS 20 h

YEARLY SUBSCRIPTION (24 issues)
AVAILABLE AT ALL BOOKSTORES
4 CROWNS

GALLERY MIETHKE

1. DOROTHEERSTREET 11

OPEN DAILY
9AM TO 6PM

ADMISSION 60 HELLERS

Alexander Weigl company for newspaper clippings
"OBSERVER"
VIENNA, 1. Concordiaplatz 4
Telephone no. 12801

Reads all outstanding journals of the world in German, French, English, and Hungarian, and sends its subscribers articles and notes (newspaper clippings) on any requested topic. Brochures free of charge and postage paid.

"Kunst" publisher, Vienna, I. Marc Aurelstrasse 6.—Responsible person: Adolf Loos.—Wilhelm Fischer's printing office.

ADOLF LOOS (1870–1933)
was born in Brno, Moravia, then part of the Austro-Hungarian Empire and, after the First World War, part of the new state of Czechoslovakia. The son of a stonemason, he became one of the single most influential architects of the twentieth century. His polemical writings and buildings were critical reference points in the formation of modern architecture, even if he was usually misunderstood. Loos studied architecture in Dresden for two years, interrupted by a year of voluntary military service in the middle, and in fact never completed his degree. In 1893 he left for the United States, where he had relatives in Philadelphia, and went to see the World's Columbian Exposition in Chicago. He then moved to New York, where he lived in Manhattan's Lower East Side for three years and held a number of menial jobs—such as washing dishes in restaurants and working as a hairdresser's assistant in a little shop on 14th street—before finding employment in an architect's office. Loos returned to Europe in 1896, spending time in London and Paris on his way back to Vienna to resume military service. He worked briefly in the office of Carl Mayreder and began to write for newspapers and journals before opening his own practice in 1898. Major architectural works include the Café Museum, Vienna (1899); the Kärntner Bar, Vienna (1907); the Steiner House, Vienna (1910); the Goldman and Salatsch Building, Vienna (1910); the Moller House (Vienna, 1928); and the Müller House (Prague, 1930).

Loos was a humorous, acerbic, and prolific writer whose theories were organized by a radical opposition to the Vienna Secession and the Wiener Werkstätte. He published short essays in leading newspapers and journals for more than three decades, addressing every dimension of contemporary life from salt spoons to sexuality, and insisting that art had nothing to do with everyday utilitarian objects. His buildings were equally didactic, establishing a radical distinction between an austere, smooth, abstract exterior and an intricate and sensuous nested interior. Loos shocked the conventions of debate and design, creating an opening through which modern architecture launched itself.

Adolf Loos (1870–1933) wurde in Brünn in Mähren geboren, das damals zum österreichisch-ungarischen Kaiserreich gehörte und nach dem Ersten Weltkrieg Teil der neu gegründeten Tschechoslowakei wurde. Der Sohn eines Steinmetzes wurde zu einem der einflussreichsten Architekten des 20. Jahrhunderts. Loos' polemische Schriften und Bauten waren entscheidende Referenzpunkte in der Entstehung der Architektur der Moderne. Er studierte zwei Jahre Architektur in Dresden, unterbrochen von einem einjährigen freiwilligen Militärdienst, jedoch ohne einen Abschluss zu erwerben. 1883 zog er in die USA, wo er Verwandte in Philadelphia hatte und die World's Columbian Exposition in Chicago besuchte. Schliesslich siedelte Loos nach New York um, wo er drei Jahre lang an der Lower East Side in Manhattan lebte und mehrere einfache Tätigkeiten ausübte, etwa als Tellerwäscher in einem Restaurant und als Friseurgehilfe in einem kleinen Laden an der 14th Street, bevor er Arbeit in einem Architekturbüro fand. 1896 kehrte er nach Europa zurück, wo er zunächst einige Zeit in London und Paris verbrachte, dann setzte er seinen Militärdienst in Wien fort. Er arbeitete für kurze Zeit im Architekturbüro von Carl Mayreder und begann für Zeitungen und Zeitschriften zu schreiben, bevor er 1898 sein eigenes Büro eröffnete. Zu seinen bedeutendsten Werken gehören das Café Museum (Wien, 1899), die Kärntner Bar (Wien, 1907), das Haus Steiner (Wien, 1910), das Wohn- und Geschäftshaus für Goldman & Salatsch (Wien, 1910), das Haus Moller (Wien, 1928) und das Haus Müller (Prag, 1930).

Loos war ein humorvoller, scharfzüngiger und überaus produktiver Autor, dessen Theorien in einer radikalen Opposition gegenüber der Wiener Secession und der Wiener Werkstätte begründet waren. Über drei Jahrzehnte lang schrieb er kurze Aufsätze für führende Zeitungen und Zeitschriften, in denen er sich mit jedem Aspekt des zeitgenössischen Lebens – vom Salzlöffel bis zur Sexualität – befasste, und bestand dabei darauf, dass Kunst aber auch gar nichts mit den zweckmässigen Gegenständen des Alltags zu tun habe. Seine Bauten waren didaktisch angelegt und charakterisiert durch den Antagonismus von nüchterner, glatter Fassade und reichhaltigem, sinnlichem und gemütlichem Interieur. Loos verstiess gegen die herrschenden Konventionen und öffnete damit der modernen Architektur einen neuen Weg.

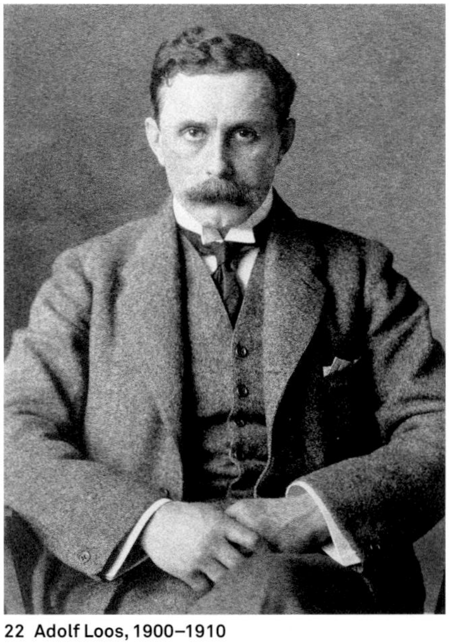

22 Adolf Loos, 1900–1910

MAK Center for Art and Architecture, Los Angeles

MAK Center for Art and Architecture at the Schindler House
835 North Kings Road
West Hollywood, CA 90069, USA

Mackey Apartments
MAK Artists and Architects-in-Residence Program
1137 South Cochran Avenue
Los Angeles, CA 90019, USA

Fitzpatrick-Leland House
8078 Woodrow Wilson Drive
Los Angeles, CA 90046, USA

Tel. +1 (323) 651-1510
Fax +1 (323) 651-2340
office@MAKcenter.org
MAKcenter.org

MAK – Austrian Museum of Applied Arts / Contemporary Art
Stubenring 5, 1010 Vienna, Austria
Tel. +43 (1) 711 36-0
Fax +43 (1) 713 10 26
office@MAK.at
MAK.at

BEATRIZ COLOMINA
is professor of architecture and founding director of the program in Media and Modernity at Princeton University. She has written extensively on questions of architecture, art, sexuality, and media. Her books include *Manifesto Architecture: The Ghost of Mies* (Sternberg, 2014), *Clip/Stamp/Fold: The Radical Architecture of Little Magazines 196X to 197X* (Actar, 2010), *Domesticity at War* (MIT Press, 2007), *Privacy and Publicity: Modern Architecture as Mass Media* (MIT Press, 1994), and *Sexuality and Space* (Princeton Architectural Press, 1992). Colomina has curated a series of exhibitions in Venice, Kassel, London, Frankfurt am Main, Barcelona, Santiago de Chile, Bogota, Vancouver, Oslo, Lisbon, New York, Murcia, Montreal, Warsaw, Rotterdam, Maastricht, Istanbul, and Vienna. She was born in Madrid, studied architecture, completed her PhD in Barcelona, and now lives in New York City.

Beatriz Colomina ist Professorin für Architektur und Gründungsdirektorin des Programms für Medien und Moderne an der Princeton University. Sie hat sich in zahlreichen Publikationen mit den Themen Architektur, Kunst, Sexualität und Medien befasst, wie in *Manifesto Architecture: The Ghost of Mies* (Berlin 2014), *Clip/Stamp/Fold: The Radical Architecture of Little Magazines 196X to 197X* (Barcelona 2010), *Domesticity at War* (Cambridge, MA, 2007), *Privacy and Publicity: Modern Architecture as Mass Media* (Cambridge, MA, 1994), und *Sexuality and Space* (New York 1992). Colomina kuratierte zahlreiche Ausstellungen in Venedig, Kassel, London, Frankfurt am Main, Barcelona, Santiago de Chile, Bogota, Vancouver, Oslo, Lissabon, New York, Murcia, Montreal, Warschau, Rotterdam, Maastricht, Istanbul und Wien. Sie wurde in Madrid geboren und studierte Architektur in Barcelona, wo sie auch promovierte. Heute lebt sie in New York City.

@ THE SCHINDLER HOUSE
MAK CENTER
FOR ART + ARCHITECTURE, L.A.

MAK

DAS ANDERE (THE OTHER)
Adolf Loos
1903

Reprint 2016

Editor: Beatriz Colomina with Kimberli Meyer
Author: Beatriz Colomina
Coordination: Christina Bösel, Maya Rüegg
Copyediting: Elizabeth Pulsinelli, Jonathan Fox
German to English translation: Jennifer Taylor, Eva Gaida
English to German translation: Susanne Bosch-Abele
English proofreading: Danko Szabó
German proofreading: Anke Schild
Editorial assistance: Anthony Carfello
Book design: Integral Lars Müller
Lithography: Ast & Fischer AG, Wabern, Switzerland
Printing and binding: Kösel, Altusried-Krugzell, Germany
Paper: Bavaria Silk, 90 g/m^2

MAK Center for Art and Architecture, Los Angeles, at the Schindler House
www.MAKcenter.org

Lars Müller Publishers
Zurich, Switzerland
www.lars-mueller-publishers.com

ISBN 978-3-03778-481-5

Printed in Germany

This publication has been made possible with the support of the Graham Foundation for Advanced Studies in the Fine Arts.

IMAGE CREDITS
All images unless otherwise specified: © MAK – Austrian Museum of Applied Arts / Contemporary Art

1 Cover, *Kunst*, no. 1
2 Adolf Loos, Kärntner Bar, Vienna, 1909, with Peter Altenberg, portrait by Gustav Jagerspacher, photo: BDA, Vienna
3 Karl Kraus, portrait by D'Ora Benda with dedication to Adolf Loos, 1909. Ullstein Bild/Grander, NYC—All rights reserved
4 Cover of *Die Fackel.* AAC—Austrian Academy Corpus
5 Photographs of a woman's hand with a poem by Peter Altenberg, *Kunst*, no. 1, pp. VIII and IX.
6 Kete Parsenow, *Kunst*, no. 1, p. IV.
7 Annie Kalmar, *Kunst*, no. 1, p. XIV.
8 *"Die Schönheit des Fusses,"* ElectroPedicure, advertisement in *Kunst*, no. 5
9 Adolf Loos, Bedroom of My Wife, Kunst, no. 1, pp. XII and XIII.
10 Adolf Loos, Bedroom of My Wife, *Kunst*, no. 1, pp. XII and XIII. Albertina, Vienna
11 Advertisement in *Das Andere* for a subscription to *Kunst*
12 Cover of *Das Andere,* no. 4
13 Sketches for the title of the magazine *Das Andere*, 1903, in Burkhardt Rukschcio and Roland Schachel, *Adolf Loos: Leben und Werk* (Vienna and Salzburg: Residenz Verlag, 1982)
14 Joh. Exinger, *Das Andere*, no. 2., p. 2.
15 Eli Lotar, *Aux abbatoirs de La Villette* (Slaughterhouses at La Villette), 1929, Metropolitan Museum of Art/Art Resource
16 Poster advertising *Das Andere*, no. 2, from *Adolf Loos 1870–1933. Architettura. Utilita e decoro* (Milan: Mondadori Electa, 2006)
17 Adolf Loos and Lina Loos in their apartment, sitting by the first chimney, 1903, Albertina, Vienna
18 Adolf Loos apartment, 1909, Albertina, Vienna
19 Adolf Loos, photo by Claire Beck-Loos, Archiv Burkhardt Rukschcio
20 *Der Mensch mit den modernen Nerven,* poster for Loos's lectures at the Sorbonne, Paris, 1926, in Burkhardt Rukschcio and Roland Schachel, *Adolf Loos: Leben und Werk* (Vienna and Salzburg: Residenz Verlag, 1982)
21 Adolf Loos, Scheu House, Vienna, 1912, Albertina, Vienna
22 Portrait of Adolf Loos, photo by Wenzel Weis, Vienna 1900–1910. ÖNB Wien, NB 509.090-B

Every effort has been made to identify the rightful copyright holders of material not specifically commissioned for use in this publication and to secure permission, where applicable, for reuse of all such material. Credit, if and as available, has been provided for all borrowed material either on-page or on the credits page of the publication. Errors or omission in credit citations or failure to obtain permission if required by copyright law have been either unavoidable or unintentional. The authors and publishers welcome any information that would allow them to correct future versions.